# 大学美育

主　编：周俊华　符东明
副主编：张红琼　冉竹樱
参　编：叶颖娟　吴丹波　曾易成　唐　妤

北京理工大学出版社
BEIJING INSTITUTE OF TECHNOLOGY PRESS

版权专有 侵权必究

### 图书在版编目（CIP）数据

大学美育／周俊华，符东明主编． ——北京：北京理工大学出版社，2022.8

ISBN 978-7-5763-1613-1

Ⅰ．①大… Ⅱ．①周…②符… Ⅲ．①美育—高等学校—教材 Ⅳ．①G40-014

中国版本图书馆 CIP 数据核字（2022）第146992号

| | |
|---|---|
| 出版发行 / | 北京理工大学出版社有限责任公司 |
| 社　　址 / | 北京市海淀区中关村南大街5号 |
| 邮　　编 / | 100081 |
| 电　　话 / | （010）68914775（总编室） |
| | （010）82562903（教材售后服务热线） |
| | （010）68944723（其他图书服务热线） |
| 网　　址 / | http://www.bitpress.com.cn |
| 经　　销 / | 全国各地新华书店 |
| 印　　刷 / | 保定市中画美凯印刷有限公司 |
| 开　　本 / | 787毫米×1092毫米　1/16 |
| 印　　张 / | 10.5 |
| 字　　数 / | 212千字 |
| 版　　次 / | 2022年8月第1版　2022年8月第1次印刷 |
| 定　　价 / | 69.80元 |

责任编辑／李慧智
文案编辑／李慧智
责任校对／周瑞红
责任印制／施胜娟

图书出现印装质量问题，请拨打售后服务热线，本社负责调换

# 前言

大学美育是当代大学生公共必修课程，主要授课对象为高职高专院校专科生，是根据高职高专院校学生的特点和专业特色编写，旨在使学生了解并掌握大学美育的基本理论，提高审美能力，扩大文化视野，陶冶思想情操，弘扬中华美育精神。

本教材深入贯彻落实中共中央办公厅、国务院办公厅《关于全面加强和改进新时代学校美育工作的意见》文件精神，以全面提高学生审美能力和人文素养为目标，以美育人、以美化人、以美培元，培养德智体美劳全面发展的社会主义现代化建设者和接班人。一是提升文化自信。弘扬社会主义核心价值观，强化中华优秀传统文化教育，充分挖掘中国优秀传统文化中的美育价值，实现多学科融合，提升审美素养、陶冶高尚情操、温润美好心灵、激发创新活力。二是增强爱国之心。通过精心挑选经典案例，"润物细无声"地融入思政元素，通过这些案例告诉学生：我们是谁，我们为谁而读书，我们来自哪里，我们要读什么样的书，我们将成为什么样的人，增强学生的爱国之心。三是培养爱乡之情。本教材最后一章主讲巴渝文化，"生于斯，长于斯，止于流年，铭于心"，巴渝文化，传承数千年，内涵丰富，灿烂辉煌，红岩精神、抗战文化、川剧艺术、非遗产品、民间艺术、古风古韵与现代山水都市之美完美融合，这些文化的记忆与传承，旨在唤起学生对家乡美的认识，增强学生的文化保护与传承意识，促进地方文化产业发展，增强学生的文化认同和文化归属感。

本教材由重庆建筑科技职业学院周俊华、符东明、张红琼、冉竹樱共同编写，周俊华、符东明统稿。各章编写分工如下：

"前言"由符东明、冉竹樱撰写。

第1章"美与美育"由符东明、张红琼编写。

第2章"中外美育思想简述"由符东明、张红琼编写。

第3章"文明的载体——书法之美"由张红琼、冉竹樱编写。

第4章"悬挂的思想——绘画之美"由周俊华、冉竹樱编写。

第5章"加减的智慧——雕塑之美"由周俊华、冉竹樱编写。

第6章"技艺的融合——器皿之美"由周俊华、冉竹樱编写。

第7章"凝固的音乐——建筑之美"由周俊华、符东明编写。

第8章"灵魂的秘境——音乐之美"由符东明、张红琼编写。

第9章"脚步的诗歌——舞蹈之美"由符东明、张红琼编写。

第10章"历史的积淀——巴渝文化之美"由符东明、张红琼编写。

本教材在编写过程中，借鉴了国内外专家的研究成果，虽然做了注释，但仍恐遗漏，特此表达感谢。由于时间仓促，不足之处敬请专家学者批评指正。

编　者

2022年6月

# 目录

## 第1章 美与美育

第一节 美是什么 …………（1）
 一、美的本质 …………（1）
 二、美的特征 …………（2）
第二节 美学讲什么 …………（4）
 一、什么是美学 …………（4）
 二、美学范畴 …………（4）
第三节 美育干什么 …………（5）
 一、认识美育 …………（5）
 二、美育的任务 …………（5）

## 第2章 中外美育思想简述

第一节 中国美育思想 …………（7）
 一、儒家的美育思想 …………（7）
 二、道家美学思想 …………（8）
 三、我国近现代美育思想 …………（8）
第二节 西方美育思想概述 …………（10）
 一、苏格拉底："美德就是知识" …………（10）
 二、亚里士多德："德性即中道"的美德观 …………（10）
 三、席勒：第一个言美育的人 …………（11）
 四、马克思主义的美育思想 …………（11）

## 第3章 文明的载体——书法之美

第一节 书体之美 …………（14）
 一、篆书之美 …………（14）
 二、隶书之美 …………（16）
 三、楷书之美 …………（17）
 四、行书之美 …………（21）
 五、草书之美 …………（21）
第二节 书法的审美特征 …………（22）
 一、用笔之美 …………（22）
 二、用墨之美 …………（23）
 三、结构之美 …………（23）
 四、章法之美 …………（24）
 五、形式之美 …………（24）
第三节 书法作品的赏析 …………（24）
 一、篆书 …………（24）
 二、隶书 …………（27）

三、行书 …………………（28）
　　四、楷书 …………………（30）
　　五、草书 …………………（31）

## 第4章 悬挂的思想——绘画之美

第一节　绘画作品的语言 ……（33）
　　一、线条之美 ……………（33）
　　二、色彩之美 ……………（34）
　　三、构图之美 ……………（34）
　　四、绘画的赏析 …………（34）
第二节　绘画作品赏析 ………（35）
　　一、中国人物画 …………（35）
　　二、中国山水画 …………（40）
　　三、中国花鸟画 …………（45）
　　四、西画作品 ……………（50）

## 第5章 加减的智慧——雕塑之美

第一节　雕塑艺术的审美特征
　　　………………………（58）
　　一、雕塑的语言 …………（58）
　　二、雕塑的欣赏方法 ……（59）
第二节　雕塑作品赏析 ………（60）
　　一、中国雕塑作品赏析
　　　………………………（60）
　　二、西方雕塑名作欣赏
　　　………………………（63）

## 第6章 技艺的融合——器皿之美

第一节　青铜美 ………………（66）
　　一、青铜器的等级制度
　　　………………………（66）
　　二、青铜器图案 …………（67）
　　三、青铜器的器型 ………（69）
　　四、青铜器赏析 …………（81）
第二节　陶瓷美 ………………（83）
　　一、陶器、瓷器的发展历史
　　　………………………（83）
　　二、瓷器和陶器的区别
　　　………………………（83）
　　三、瓷器的分类 …………（84）
　　四、瓷器的艺术美 ………（86）
　　五、瓷器赏析 ……………（87）
第三节　玉器美 ………………（90）
　　一、玉石之美 ……………（90）
　　二、玉石器赏析 …………（92）

## 第7章 凝固的音乐——建筑之美

第一节　建筑的语言 …………（95）
　　一、形式语言 ……………（95）
　　二、空间语言 ……………（95）
　　三、环境语言 ……………（95）
第二节　建筑美欣赏方法 ……（96）
　　一、形式美 ………………（96）
　　二、意境美 ………………（97）
第三节　西方经典建筑 ………（97）
　　一、吉萨金字塔群 ………（97）
　　二、希腊帕特农神庙 ……（99）
　　三、万神庙 ………………（99）
　　四、圣索菲亚大教堂 ……（101）
　　五、巴黎圣母院 …………（102）
　　六、佛罗伦萨大教堂 ……（103）
　　七、凡尔赛宫 ……………（104）
　　八、流水别墅 ……………（105）
第四节　中国传统建筑与园林
　　　………………………（106）
　　一、故宫 …………………（106）

二、天坛 …………………（108）
　　三、四合院 ………………（109）
　　四、吊脚楼 ………………（110）
　　五、拙政园 ………………（111）
　　六、颐和园 ………………（112）
　　七、承德避暑山庄 ………（113）

## 第8章 灵魂的秘境——音乐之美

第一节 认识音乐 ……………（115）
　　一、音乐的本源 …………（115）
　　二、音乐之美 ……………（115）
　　三、中西方音乐艺术特点
　　　 ………………………（117）
　　四、音乐的欣赏方法 ……（117）
第二节 音乐与建筑 …………（119）
　　一、建筑是凝固的音乐，音
　　　 乐是流动的建筑 ……（119）
　　二、富有音乐性的建筑
　　　 ………………………（119）
第三节 音乐赏析 ……………（120）
　　一、中国音乐赏析 ………（120）
　　二、外国音乐赏析 ………（122）

## 第9章 脚步的诗歌——舞蹈之美

第一节 舞蹈艺术发展概述
　　 …………………………（124）
　　一、舞蹈的起源 …………（124）
　　二、舞蹈的发展 …………（124）
第二节 舞蹈艺术的审美特征
　　 …………………………（125）
　　一、舞蹈艺术的基本特征
　　　 ………………………（125）

　　二、舞蹈艺术的欣赏方法
　　　 ………………………（126）
第三节 舞蹈作品赏析 ………（128）
　　一、中国舞蹈赏析 ………（128）
　　二、外国舞蹈赏析 ………（131）

## 第10章 历史的积淀——巴渝文化之美

第一节 巴渝与巴渝文化 ……（134）
　　一、巴渝文化历史渊源
　　　 ………………………（134）
　　二、巴渝文化特征 ………（136）
　　三、巴渝历史名镇 ………（138）
　　四、大足石刻造像特点及审
　　　 美特征 ………………（140）
　　五、古巴渝十二景 ………（140）
　　六、巴渝非遗文化——梁平
　　　 年画 …………………（148）
第二节 红色基因 ……………（152）
　　一、红色文化的时代价值
　　　 ………………………（152）
　　二、红色文化的审美特征
　　　 ………………………（152）
　　三、歌乐山烈士陵园 ……（153）
　　四、红岩革命纪念馆 ……（154）
第三节 重庆：自然山水之城
　　 …………………………（155）
　　一、大江大河大山交相辉映
　　　 的自然景观 …………（155）
　　二、壮美三峡 ……………（157）

## 参考文献

# 第1章

# 美与美育

## 第一节 美是什么

自古以来,人类就有对美的孜孜追求,从远古石器、古埃及金字塔、希腊雕塑、中国绘画,到印度史诗、现代艺术,世间万物都能给人带来美的感受。在现实中,我们也经常用"美"来评价一个事物。这些都是我们对美的感受。在古希腊,柏拉图希望从苏格拉底和希庇阿斯的对话中得出"美是什么"的答案;中国先秦的先贤们,也从不同领域探索了"美是什么"。那么,美到底是什么呢?现实中这个问题难以找到统一的答案。这就说明,需要把美的感受上升到理论层面,形成美的知识体系。

### 一、美的本质

美的本质究竟是什么呢?康德在他的《判断力批判》中说:"美是个像谜的东西。"列夫·托尔斯泰也在他的《艺术论》中说:"'美'这个词儿的意义在一百五十年间经过成千的学者的讨论竟仍然是一个谜。"然而,随着马克思主义学说的出现,这一千古之"谜"逐渐揭开了神秘的面纱,"美是人的本质力量的对象化"。

如果说美是人的本质力量的对象化,那什么是人的本质呢?人的本质力量又是怎么回事呢?是怎样产生或获得的?何谓"对象化"?是经过什么途径被印证、复制、实现、显现在客观世界上的?是什么使人的本质力量得以对象化而成为美的?要真正科学、准确地理解美的本质,就必须先弄清楚美的根源问题。

#### (一)劳动实践是美产生的根源

马克思在《劳动在从猿到人转变过程中的作用》等著作中,提出了"劳动创造人""劳动创造美"等观点。

美根源于劳动。马克思主义的一个最基本原理，就是劳动创造世界，创造一切。因此，美也毫不例外是劳动实践创造的。从人类进化发展的历史看，在人类进化发展的最初阶段，人和其他动物一样，是自然的一部分，但是，为了生存，人在实践活动中逐渐进化，手和脑得到了发展，产生了思维和语言。与此同时，其他的感觉器官也得到了发展。这样，人就从自然中分化出来，成了能够对自然进行改造的自然的对立面，成了自然的异化力量，是一种新的类存在物了。这时候，人才具有了区别于自然的本质力量——活动的自由性和意识性。

### （二）人的本质和人的本质力量

马克思说："人的本质并不是单个人所固有的抽象物，在其现实性上，它是一切社会关系的总和。"这说明人的本质在于人的社会性。

既然人的本质就是人的社会属性，那么，所谓人的本质力量，就是人的社会性的力量。人的意识系统包含着认识（知）、感情（情）、意志（意）的心理活动，这三个方面恰好与人本质的三个方面相对应，三者分别对应着科学（真）、审美（美）和伦理（善）三大领域实践。人与动物的根本区别在于人会劳动，人的劳动是一种社会性活动，有目的、有意识，是自觉、自由的，不像动物的活动是盲目的，是在本能驱使下进行的。马克思在《资本论》中说，最蹩脚的建筑师也比最灵巧的蜜蜂高明，因为他在建房之前，头脑中已有了蓝图。而蜜蜂则是无意识的本能活动，千古如斯，不可能有丝毫的创造性。人类的任何生产劳动则是既按照规律又根据目的需要自由、自觉地进行的，体现了人类活动的规律性、意识性、自由性。长期以来，在人类进化的过程中，人类就是这样在实践中获得人的本质力量并依靠自己的本质力量改造自然。

### （三）美是人的本质力量的对象化

人类社会产生前，世界上不存在美与不美的问题，只有在人类诞生以后，人的本质力量在自然身上得到了确证，人在自然身上表现了自己的本质力量，这时候，美才产生了。

因此，所谓"对象化"，是指将人类自觉的、有意识的能动创造的本质"物化""现实化"到客观现实世界中去，使客观现实世界以其感性形式体现，显示人的本质力量，铭铸人的本质力量的印痕，由此客观现实世界成为体现人的自身本质的对象世界，成为人可以由彼而观照自身的对象世界。这种对象化就是马克思讲的"自然的人化"，也就是自然世界不再是与人冷漠无关或高居人上、压迫和奴役人的自然世界，而是一个可以使人发挥并观照其自身本质力量，可以确证其自身的对象世界。

"人的本质力量对象化"或"自然的人化"，实质上就是人和自然的统一、主体和客体的统一、目的与规律的统一、自由与必然的统一、善与真的统一。这种统一就是美的本质所在。

## 二、美的特征

美的特征是指美的特性和品格，是美的现象与美的本质之间的某些相对稳定的、共同的趋向，它是美的本质与美的现象的中介环节。美的特征主要有形象性、客观性、社会性、感染性、功利性。

### （一）美的形象性

美的形象性是美的基本属性和重要特征。所谓美的形象性，是指美的事物总是以其生动具体的感性形象为主体感官所感知的特性，是以形式因素为主的形式与内容相统一的特性。美作为客观物质的社会存在，它是可感的、具体的、形象的。美的产生与存在都离不开形象。美的事物，无论是现实美还是艺术美，都是借助具体可感的形象来展示其美的风采，即通过由特定的声、光、色、线、形、质等物理因素所构成的感性形式来展示自身。

### （二）美的客观性

美的客观性同样是美的基本属性和特征之一。所谓美的客观性，是指审美对象具有的不以主体意志为转移的美的属性，包括美的自然属性和社会属性。具体来说，就是美的事物本身就有美的性质，人的意识可以对美做出各种反映，却不可能抹杀美的性质，不同的人的意识可以对美做出不同的反应，然而事物的美丑是客观存在的。

### （三）美的社会性

美与善一样，都是人类社会的产物，它们都只对于人、对于人类社会才有意义。在人类产生以前，宇宙太空无所谓美丑，正如当时无所谓善恶一样。美离不开人类的社会生活，美是现实生活中那些包含着社会发展的本质、规律和理想而用感官可以直接感知的具体的社会形象和自然形象。正如只有人类社会出现后才有善一样，美也是人类社会出现后才有的，它是根源于人类社会实践的。

### （四）美的感染性

美的感染性是指美的事物所具有的吸引人、激励人、愉悦人的特性，以及能够引起审美主体的感情波动或思绪变迁的特性。

美的事物之所以具有美的感染性，其根本原因是美的事物借助于生动具体的感性形象来确证人的本质力量。具体来说，美的感染性源自美的形式与内容的有机统一，源自对主体的自由创造的肯定和确证，源自对事物的形式因素的和谐统一的感悟。离开美的内容，美的事物就会失去打动人、感染人的力量和突破点；离开美的形式，美的事物就会失去打动人、感染人的有效途径。

### （五）美的功利性

美的功利性是指美的事物具有某种对人类有益的实用价值的属性，是与美的社会内容相联系的内在属性。从表面上看，美是超功利的，与人的实用需求无关，而实际上，美的功利性是隐藏于美的形象之后、难以直接感受到的美的内在属性。美的功利性始终蕴含在美的事物和审美活动之中，美最初产生于实用功利，并被人们等同于实用功利。

## 第二节　美学讲什么

### 一、什么是美学

美学是专门研究美、美感和美的创造的一般规律的学科，又是主要通过文学、艺术来研究人们对现实的审美关系的学科。由于它研究的内容是文学、艺术中的哲学问题和基本规律，因此，美学又有"艺术哲学"之称。

美学是一门十分年轻的学科。1750年，德国学者鲍姆嘉通（1714—1762年）用"Aesthetic"来作为他的一部研究美的专著的书名，标志着美学学科诞生。从那时算起，至今也只有270多年的历史。而美学思想的产生和发展，无论是在西方，还是在中国，都经历了一个漫长的历史发展过程。运用马克思主义的观点来研究美学，建立马克思主义的美学科学理论体系，现在仍处于探索阶段。当代中国的美学就是以科学的哲学基本原理和方法论为基础的。它批判地吸收了中外美学的宝贵历史遗产，充分利用现代人文科学、自然科学的最新研究成果，总结概括现实的和艺术的审美实践经验，具体展现为以理论美学为基干、应用美学为分支，互相促进，双向发展。

美学是一门边缘性学科，它与哲学、文学、艺术学、心理学等学科的关系相当密切。美学曾是哲学的一个分支，它以一定的哲学思想作为自己的认识论基础和方法论基础，主要从审美这个角度来研究人与现实的关联。美学也曾从属于文学艺术学，但又不仅仅局限于文学艺术，它还要研究自然美和社会美等。美学常以心理学的原理，来研究人们在审美和创造美的过程中的心理活动、心理状态及其规律。此外，美学还与伦理学、社会学、教育学、历史学乃至数学、化学、物理学、生物学、工程技术学等学科相关联。因此，美学是一门介于各学科之间的独立的"交叉学科"。

### 二、美学范畴

美的事物的具体表现形态是相当丰富多彩的。由于分类的依据不同，一方面可以按美的形态分为自然美、社会美和艺术美等；另一方面又可以按照审美感受的不同，把美的事物划分为崇高、优美、悲剧、喜剧等。在中国传统美学中，还有意境说、传神说、阳刚之美、阴柔之美等说法。这些美学范畴，是人们对客观世界审美态度最集中和最普遍的反映。

不同的美学家基于对美的本质的不同理解，对于美学范畴中的崇高、优美、悲剧、喜剧等做过大相径庭的阐释。目前对这些美学范围还尚待做深入而复杂的研究，这里只做一般性的概述。

我们在进行文学艺术作品的欣赏时，时常能感受到文学家、艺术家在创作时，运用艺术辩证法来塑造典型，并通过艺术的对比，使人物更加鲜明，作品更具魅力。几种常用的艺术辩证手法是：有限与无限、偶然与必然、含蓄与鲜明、虚实与隐显、动与静、疏与密。

## 第三节 美育干什么

### 一、认识美育

#### （一）美育的定义

什么是美育？简单地说，美育就是指用美的事物对受教育者进行教育，育其身心之美，使其成为全面和谐发展的人的教育。具体地说，美育是指在美学基础理论的指导下，通过自然审美、社会审美、艺术审美等审美实践活动，树立人们正确的审美观念，培养健康的审美情趣，提高其感受美、鉴赏美、创造美的能力，陶冶情操，提升精神境界，完善人格塑造，从而培育全面和谐发展的人的教育。

#### （二）美育的意义

教育是培养人的社会活动，其根本任务是"育人"。美育，作为教育的一个重要组成部分，在培养"全面发展的人"方面，起着其他学科无法替代的作用。

美育的意义

### 二、美育的任务

#### （一）帮助学生树立正确的审美观念

审美观是指在审美实践活动中审美主体从审美的角度对审美客体进行评价、判断而形成的态度、看法等的总称。审美观是世界观的一个组成部分，是一种社会意识，是社会存在的反映。审美观来源于审美实践，又反作用于审美实践和创美活动，在人的审美实践和创美活动中起着指导作用，因此，树立正确的审美观念是美育的首要任务。

美育的任务

#### （二）培养学生较强的审美能力

**1. 培养敏锐的美的感受能力**

审美的感受能力是指审美者凭借自己的感觉器官感受美，并获得美感的能力，它是整个审美能力中最初始、最基本的能力。

**2. 提高美的鉴别和欣赏能力**

审美感受只是审美过程的第一步，一个人要想深入美的境界中去，欣赏、品味、领悟美的事物的内涵，获得精神上、情感上的愉悦和满足，就得具有一定的美的鉴赏能力。美的鉴赏能力包括对美的事物的鉴别和欣赏。

**3. 提高美的表现和创造能力**

人们认识世界的目的在于能动地改造世界，同样，人们感受美、鉴赏美的目的是表现美、创造美。

### （三）陶冶高尚的人格情操

马克思说过，"社会的进步是人类追求美的结晶""人也按照美的规律来塑造"。美是人类生活及社会进步中一个永恒的主题。美育作为人类"按照美的规律"进行自我完善的方式，同时也是一个发展的概念。早在古代，我们的先哲就提出了"六艺之教"的教育思想。孔子也提出了"诗教""乐教"的问题。

综上所述，美育的任务各方面是密切联系的。树立正确的审美观念是美育的前提，培养敏锐的美的感受能力是美育的基础，提高美的鉴别和欣赏能力是美育的发展，培养和提高表现美、创造美的能力是美育的拓展，而陶冶高尚的人格情操，提升精神境界，完善人格塑造，艺术地对待生活，实现个体与社会、人类与自然的和谐发展，才是美育的最终目的和最高境界。

# 第 2 章 中外美育思想简述

## 第一节 中国美育思想

中国是一个有着 5 000 年文明史的国家，素有"礼仪之邦"的美称，而中国人对美的认识则可以追溯到上古时代。考古学家在发掘和考证 5 万年前的山顶洞人时发现，他们在尸体旁撒上红色的铁矿粉，把石器工具的制作从不定型、不规则到光滑和讲究美感，并注意在工具上加一些装饰物等，这些遗留至今的红粉、石斧和骨串等无疑都是出于山顶洞人对美的追求。我国古代人在陶器制作上是举世瞩目的，而彩陶上的花纹更引起人们的强烈兴趣，其中一部分是从原始社会部落的图腾演化而来。随着社会的发展和文字的出现，人们对美的认识更加明确了，如"食必常饱然后求美，衣必常暖然后求丽"。这就是说，人类在满足生存的基本需要之后，想到的就是美。到了春秋战国时期，随着建筑、音乐、艺术的发展，美已被看作可以被视觉、听觉所感知的具体形象，人们把美作为满足人类精神需要的不可缺少的重要需求，并把美育作为教书育人的重要手段。

## 一、儒家的美育思想

### （一）孔子：美德育人

孔子（前551—前479年），春秋末年思想家、教育家，中国儒家学派的创始人。以孔子为代表的儒家思想在我国教育思想史上占有极其重要的地位。儒家思想是我国传统文化的主流，而"仁义""道德"是其思想的核心。孔子一生从事教育，他的"礼教"思想里包含着美育思想。有人提出：真正拉开中国美育史帷幕的是春秋战国时期的孔子。一方

孔子：美德育人

面,他对此前时代的美育活动进行了理性的思考和反省;另一方面,他对美育的原则性论述又成了中国古代美育的基本规范。他的美育思想成为中国古典美育的根本精神,奠定了中国美育数千年的基本方向,至今仍对中国美育的发展有重大的影响,孔子提倡"以美德育人",强调美育的道德教化作用,他的思想对后世的美育和德育产生了深远的影响。

### (二)孟子:追求完美人格

孟子(约前372—前289年),战国时思想家,邹(今山东邹县东南)人。他继承了孔子的仁学审美教育思想,并在培养完美人性和崇高人格方面有所扩展。

孟子对人格美有其独特的见解,认为"大丈夫人格"就是人格美的特征。他的大丈夫人格就是:"富贵不能淫,贫贱不能移,威武不能屈,此之谓大丈夫!"(《孟子·滕文公下》)古往今来,人们一直把孟子的这段话作为审美人格的做人准则。

孟子:追求完美人格

## 二、道家美学思想

在中国古代哲学史上,道家学说与儒家学说是两个影响最大而又直接对立的学说。道家主张天道自然无为,否认上帝和鬼神主宰一切,认为"道法自然"。人效法道,亦应"为无为",顺其自然。道家文化在哲学层面和人格精神层面对中国文化影响极大。在教育方面,它以自然无为之道为其学说的核心,以把握道之全体为教育理想。虽然道家提倡的是一种消极的人生哲学,但它反对战争、反对统治阶级对普通老百姓的剥削、反对人与人之间的纷争和欺诈,提倡和平相处,不争名夺利以及追求真诚、朴实自然的思想仍然具有积极的审美意义,依然是当代大学生应该提倡的做人哲学。

### (一)老子:"返璞归真,无为自然"

老子,又名老聃,楚国苦县(今河南鹿邑)人,春秋末年的思想家,道家学说创始人。

老子追求自然的本真之美,要求人们"寡欲""禁欲",提倡"少私寡欲"。

老子:"返璞归真,无为自然"

### (二)庄子:"乐而忘忧"

庄子(前369—前289年),战国时思想家,宋国蒙(今安徽蒙城,一说是河南商丘市东北)人。庄子是一个自然主义者,他认为人所展现的美应是真正意义上的自然美。

庄子:"乐而忘忧"

## 三、我国近现代美育思想

鸦片战争之后,由于清王朝的腐朽和衰败,帝国主义列强大肆对中国入侵和瓜分,迫使中国政府签订了一系列丧权辱国的条约,中国处在内忧外患的危急之中。在这种危急时刻，一些爱国人士和文人学者终于看清了中国腐朽没落的症结——教育落后以及儒学严重阻碍着国家的强盛和发展，振兴中国教育是富国强家的唯一出路。随着西学东渐，一些革新人物提出的"教育救国"思想受到广泛的重视。最著名的如梁启超、王国维、蔡元培、鲁迅等都是这一思想的代表人物。

### （一）梁启超：美德教育就是情感教育

梁启超（1873—1929 年）是中国近代史上一位有着广泛影响的先驱人物，也是一位启蒙教育思想家。梁启超十分重视审美教育，他把美育看成是拯救民族精神、促进社会进步的重要途径。他认为中国的腐败落后、国民的愚昧麻木，主要是因为国民的精神空虚、情感贫乏、道德低下。要改变这一现状，就应该从振奋国民精神入手，高扬民族文化，强化审美教育，是兴邦治国之大计。

梁启超：美德教育就是情感教育

### （二）王国维：追求"完全之人物"

王国维（1877—1927 年）是中国近代美育的奠基者和开拓者，也是第一个提出知、德、美、体四育作为教育思想核心的人。王国维作为一位学贯中西的教育思想家，十分关心国家的前途和命运，当他看到清朝政府的腐败，众多国民吸食鸦片，认为这是政治不修明、教育不作为而造成的社会贫穷落后、国民素质低下、精神空虚的主要表现，是国家衰亡的必然征兆。

王国维：追求"完全之人物"

### （三）蔡元培："以美育代宗教"

蔡元培（1868—1940 年）曾经是清朝进士，做过翰林院编修，受过正统的儒家思想教育。后留学德国，接受西方哲学思想，尤其是康德的美学思想对他影响较深，因此他也是一位兼容中国传统美德与西方哲学于一身的教育思想家。蔡元培是中国教育史上第一个提出实施"五育"的人。所谓"五育"，即军国民教育、实利主义教育、公民道德教育、世界观教育和美感教育，"皆今日之教育所不可偏废"的五种教育。蔡元培也是一位教育救国论的极力主张者，他所提出的"以美育代宗教"的思想是当时的社会所形成的。

蔡元培："以美育代宗教"

### （四）鲁迅的美育思想

鲁迅（1881—1936 年）先生终身致力于以文艺唤起民众觉醒，以文艺推进社会的改造和进步。他认为改造中国的关键是改造国民性、改造民族精神。他所指的国民性和民族精神实际上就是国民的道德素质、独立人格和民族自信心，并希望通过以文艺形式的美育和道德教育来改善国民的奴性和树立民族自尊心，强化国民的独立人格。

鲁迅的美育思想

从以上可以看出，在中国近代史上，一些思想家、启蒙者和美学家的美育思想，比起古代传统美育思想有着很大的进步，它具有更大的科学性、先进性和现代性。以上只列举了四位教育家的美育思想,他们代表着中国近代史上主要的美育思想,对后世的影响也最大。但是他们的美育理论基本是沿着"救国先救人,救人先救心,救心须去欲,去欲靠美育"的思路来理论的。他们把美育与改造人性和改造社会联系起来,是有一定的积极意义。然而,他们往往赋予美育更多的美德教育内容,让美育承担过重的社会责任,过分夸大美育的社会功能,这种美育观也是不科学的,不切实际的。

## 第二节 西方美育思想概述

在人类史上,无论是东方还是西方,人类文明的发展基本上是同步的。因为人类在进化过程中,大脑的发育是相同的,人的思维也是一样的。要求文明进步、爱美和希望美好是人类共同的愿望。中国古代的文明和古希腊的文明基本上是同时诞生的。例如,中国春秋战国时期的哲学思想与古希腊时期的哲学思想也是有很多共性的。中国的孔孟思想强调以道德为核心的人文思想,而古希腊早期哲学家苏格拉底提出了"美德就是知识",同样是以道德作为人类精神活动的思想基础。他们的哲学思想对后来美育的形成和发展起到了十分重要的作用。因此,当代大学生要做到以美育人和以美修身,不能不了解东西方美育思想的形成和发展,只有从哲学的高度来认识美育,做到发现美、认识美和创造美,才能够为自己开创一个美好的未来。

### 一、苏格拉底:"美德就是知识"

苏格拉底(前469—前399年)是古希腊唯心主义哲学家和美学家,他的哲学思想曾经被古罗马一位哲学家称誉为"他把哲学从天上拿到了地下"。他把对美学的研究由此前的毕达哥拉斯、赫拉克利特和德谟克利特的从自然科学的观点去考察美发展为从理性的观点上考察美。他认为美的东西就是善的东西。

苏格拉底:"美德就是知识"

### 二、亚里士多德:"德性即中道"的美德观

亚里士多德(前384—前322年),古希腊最伟大的哲学家、思想家,西方美学、美育思想的奠基者。

亚里士多德虽然是柏拉图的学生,但他却对柏拉图的唯心主义"理念论"持批判态度,认为世界万物不是抽象的、绝对"理念"的产物,而是客观的真实的存在。

亚里士多德:"德性即中道"的美德观

## 三、席勒：第一个言美育的人

席勒（1759—1805 年），德国著名的剧作家、诗人和美学家。主要有《论美书简》《美育书简》《论崇高》《论朴素的诗与伤感的诗》等，其中以《美育书简》最为重要，对美育的形成和发展产生了重要的影响。因此，人们把《美育书简》称为"第一部美育的宣言书"。

席勒：第一个言美育的人

从以上可以看出，西方一些著名的哲学家无论是古典唯心主义者还是后来的唯物论者，他们无一不看重美育和德育对人类发展的作用。尤其是对后来的德国教育家赫尔巴特的学校德育观以及杜威提倡的教育过程和道德过程统一的教育思想产生了深刻的影响。

## 四、马克思主义的美育思想

卡尔·马克思（1818—1883 年）是全世界无产阶级的革命导师，马克思主义的创始人。他以自己的思想和行动表明了一个马克思主义者应有的人生理想、人生态度，体现了一个马克思主义者应有的人生价值。马克思科学总结并发扬光大了他的人生哲学思想，无疑对当代大学生树立正确的人生观、价值观和审美观具有巨大的指导意义。

### （一）马克思主义的美育思想是全面发展学说的重要组成部分

马克思主义是历史发展的必然产物。马克思、恩格斯深刻研究和总结了工人运动的斗争经验，吸收和改造了 2 000 多年来人类思想和文化发展中一切有价值的东西，揭示了社会发展的客观规律，指明了社会主义必然取代资本主义的历史前景，从而创立了马克思主义的科学体系。他们的美学、美育思想是这个科学体系的有机组成部分。

马克思主义的全面发展说

培养人成为全面发展的人，是审美教育的根本任务。怎样才是全面发展的人？如何实现这一任务？在美育思想史上，不少美学家、教育家做过有益的探索、深入的思考和美好的展望。但是，他们由于历史的、阶级的、思想的局限，脱离人的物质生产活动以及由此形成的人与人的生产关系，只是从人的自然本性或纯粹理性去考察人的本质，因而陷入了历史唯心主义和审美乌托邦，没有能够科学地揭示审美教育在人的全面发展中的地位和作用。

### （二）按照"美的规律"塑造全面发展的人

人类在生存发展过程中总是在不断地追求美、创造美，并用美来进行自我完善。美的东西并不一定都是漂亮的东西，但是，美的东西必然是好的东西。只有用美来建造生活、来完善自我，按照"美的规律"来塑造自身，人才可能是全面发展的。人类的生产劳动，是要把自然物改造成为合乎人的目的和需要的对象，这个劳动过程就是马克思所说的"把内

塑造全面发展的人

在的尺度运用到对象上去"。这时的主体是人,"内在的尺度"就是指人这个主体在改造对象时用以规划劳动对象的尺度,人据此制定生产过程以及产品的蓝图。

### (三)关于马克思主义人生价值观的审美含义

马克思主义人生价值观

马克思主义关于人的教育思想的精髓在于按照"美的规律"塑造全面发展的人,这就给人的生存价值观制定了一个审美尺度:按照"美的规律"塑造人的自身,包括人的思想和观念。在马克思主义以前,一些思想家们没有科学地揭示人的本质,因而也不能正确阐明人的价值。他们离开社会关系、社会需要、社会实践来研究人的价值,始终未能揭示人生价值的真谛。马克思主义以科学的本质论为基础,全面阐明了马克思主义的人生价值观。

马克思、恩格斯是人类哲学史上最伟大的人物之一,他们开创了人类哲学史上从唯心主义到唯物主义的最完美的哲学体系。对于当代大学生来说,我们不能认为马克思主义的思想是过时了的,它永远是指导我们建设社会主义精神文明和物质文明的核心思想,对教育培养德智体美劳全面发展的现代化建设人才具有重要的指导作用。

# 第3章 文明的载体——书法之美

> 西方艺术只有雕刻绘画，在中国却有一门书法，是处在哲学和造型艺术之间的一环。比起哲学来，它更具体，更有生活气息；比起绘画雕刻来，它更抽象，更空灵。书法是中国文化核心的核心，是中国灵魂特有的园地。
>
> ——熊秉明
>
> 书法提供给了中国人民以基本的美学。
>
> ——林语堂
>
> 书法将中国人陶冶成世界上最能鉴赏形式美之民族。
>
> ——许思园

文字的发明是人类文明开始的标志。书法最开始的名字应该叫文字。文字是书法的载体，书法是文字的审美表达。汉字成熟之后，书法就逐渐开启了它的演变之路。研究书法就是研究人类的文明史。

从结绳记事，到仓颉造字，人类的文明史就此拉开序幕。中国书法字体对应年代表如图 3-1 所示。

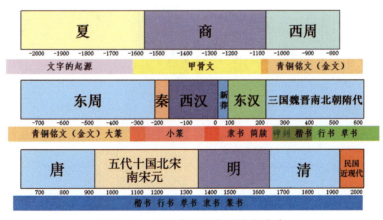

图 3-1　中国书法字体对应年代表

## 第一节　书体之美

书体可分为：篆书、隶书、行书、楷书、草书，简称为"篆隶行真草"。

书法从产生到发展成熟演变，可分为四个时期。

### 一、篆书之美

篆书是甲骨文、大篆、小篆、金文的统称。

殷商时期，公元前20世纪—公元前10世纪，出现了我国现存最早的文字——甲骨文。从商晚期到秦统一六国之前，甲骨文逐渐退出。由于青铜器的盛行，金文逐渐成为文字的主体，这时各国使用各自的文字，文字比较混乱，沟通交流不方便，秦建立之后李斯推行小篆，统一文字。由于小篆的特征造成书写缓慢，在民间文字逐渐发生隶变，西汉以来逐渐成熟，形成了隶书。

#### （一）甲骨文之美

甲骨文（见图3-2）具有对称、稳定的格局。具备书法的三个要素，即用笔、结字、章法。从字体的数量和结构方式来看，甲骨文已经是有较严密系统的文字了。汉字的"六书"原则，在甲骨文中都有所体现。但是原始图画文字的痕迹还是比较明显，象形意义也比较明显。

甲骨文之美

 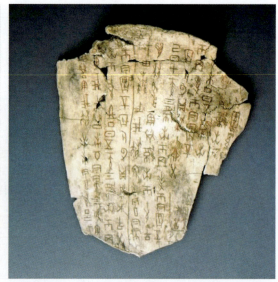

图3-2　甲骨文

## (二) 大篆之美

大篆是小篆的对称。从狭义上讲,大篆指的是金文和石鼓文。从广义上讲,大篆是包括金文、石鼓文、六国文字等流行于周代和春秋战国时期字体的总称。

这时的主要作品有:

(1) 周初的大盂鼎铭文(见图3-3)笔画中间粗重,两头较尖,间或有明显的捺刀形。

大篆之美

(2) 周厉王时期的散氏盘用笔豪放质朴,醇厚圆润,结体寄奇谲于纯正之中,壮美多姿,是学习大篆的优秀范本之一。

(3) 周宣王时的史颂鼎是西周晚期金文的成熟之作,其布白密里有疏,疏里有密;行款左右借让,字形大小斜正不一,圆转多姿,结构自然,富于变化,韵律极美。大篆至此已进入书法史中之篆字成熟完美阶段。

(4) 西周后期的毛公鼎(见图3-4)铭文最长,达497字,结构长方,笔画粗细均匀而两头浑圆,笔意刚健雄强,雍容端正、气象浑穆。

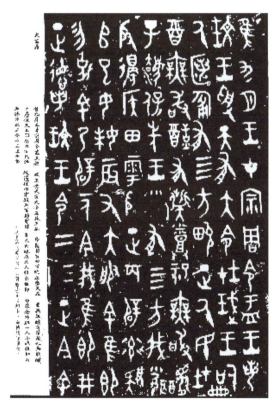

图3-3 大盂鼎铭文

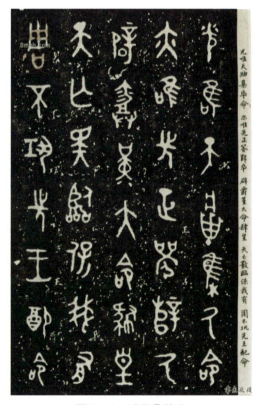

图3-4 毛公鼎铭文

春秋中期以后,笔画变细而字体加长;到战国以后,铭文有铸有刻,笔画纤细浅小。

### （三）小篆之美

小篆是大篆的对称，是古文字发展到最后一个阶段的正体文字，在战国末期其体制已经成型，秦始皇统一六国以后，实行"书同文"政策，命令李斯等人加以整理颁行。当时，李斯以小篆作《仓颉篇》、赵高写《爱历篇》、胡毋敬写《博学篇》，为小篆的推广做出了不小的贡献。秦代小篆流传至今的有《泰山刻石》及《峄山刻石》的摹本，因这两个刻石均为李斯所书，所以，小篆还被叫作"斯篆"。

小篆之美

小篆在石鼓文等先秦篆书的基础上，逐渐脱离甲骨文和大篆的象形因素，确立了长方形的结体法和圆起圆收的运笔法，强调笔画的均匀分布和对称中的变化，已具有图案式的装饰美。

## 二、隶书之美

隶书是汉字的五种基本字体之一。隶书的产生标志着汉字进入今文字时代。隶书在笔画形态、结构方式以及书写方式上与篆书相比都发生了重大变化，形成了鲜明的艺术特点，拓宽了书法的审美领域，丰富了书法的艺术表现力，深化了书法的审美内涵。

隶书之美

### （一）波磔取势的笔法

隶书在不断完善自身的过程中，形成了波磔取势的笔画形态。隶书的笔画一方面保留了篆书的笔法，另一方面又形成了适应自身书写的新笔法，毛笔的提按幅度增大。提按的交替运用，使笔画形态更加丰富，也使毛笔柔软而富于弹性的特性得到了更充分的发挥，从而使书法的笔法更加多样化。隶书的笔画形态最突出的特征就是波磔，这在隶书的主要笔画波横和撇、捺中体现得尤为明显。这些笔画往往处于主笔的地位，位置重要，形象突出，其笔势向左右开张。

### （二）起笔应逆锋，收笔有藏露

隶书的笔画在起笔时多用逆锋，欲右先左，欲下先上。经逆锋后再回转运行，把笔锋裹藏在笔画之中，使起笔处不露锋芒，波横起笔形如蚕头，逆锋动作更为明显。短小笔画的起笔也应逆锋，只不过动作比较轻微。隶书起笔露锋的情况很少。

隶书笔画的收笔应根据笔画形态的不同而有回锋和放锋。一般的平横收笔要轻回锋，竖有的放锋有的回锋。波横和捺收笔应放锋，撇则有回锋和放锋的变化。"藏锋以包其气，露锋以纵其神"，从而达到张扬与含蓄、开张与内敛有机结合。

### （三）方圆结合，因碑而异

隶书一方面保留了篆书的中锋和圆笔，同时又增加了方折的笔法。在笔画的转折处，有时圆转有时方折。笔画的起笔与收笔的状态也有方圆的变化。一般来讲，多数的隶书碑帖能够方圆结合，应当因碑而异各有侧重。如《石门颂》用圆笔较多，《张迁碑》《鲜于璜碑》用方笔多些。"方笔字之骨，圆笔字之筋"，方笔有棱角，圆笔无棱角,"折以成方,转以成圆"。方笔骨力洞达,圆笔舒畅柔和,各有其美的表达,贵在合理地运用。隶书方笔和圆笔的恰当而灵活的运用,丰富了笔画的形态,增强了艺术表现力。

### (四)隶书无双捺

隶书波横起笔处形如蚕头,收笔处状如燕尾,撇与捺在书写时向左右伸展,兜裹取势,书写出的笔画形态也与其他字体不尽相同。

隶书所形成的波横和捺,其典型特征是"蚕头燕尾",这是隶书发展过程中的一种对笔画美化的表现。笔画特征的强化使笔画形象更加突出,形成了自己的特点。这种隶书特有的笔画一般处于主笔的地位,形象鲜明,装饰意味浓厚,因此在一字之中不能重复出现。如一字之中有多个横,只能保留一个波横。一字之中有多个捺也只能保留一个捺。遇到重横、重撇、重捺的情况要有伸缩有主次,不可争抢,所谓"蚕头不二设,燕尾不双飞"就是这个道理,这是成熟的隶书所遵循的一般规则。至于在一些简牍和碑刻隶书中偶有重捺的现象并非通例。隶书无双捺的原则体现了主从关系,使笔画产生不同的层次和变化,避免雷同,如果蚕头燕尾到处皆是,便有哗众取宠之意,反而降低了艺术含量。

### (五)短小笔画灵动多姿

隶书的典型笔画固然重要,其短小笔画也不可忽视。短小笔画虽然处于辅笔的地位,但在笔画艺术形象塑造上的作用却不可低估。短小笔画是构成单字结构不可或缺的组成部分,而且数量众多,其形态往往影响着书法艺术含量的多少、艺术内涵的深浅和艺术表现力的高低。短小笔画的姿态极富于变化,往往同一个笔画可以写出不同的形态。以点为例,隶书中点的形态非常丰富。从数量上看,有单点、双点、竖三点、横三点、四点等;从在单字中的位置上看,有上、中、下、左、右等;从形态上看,有大小、方圆、藏露、俯仰、向背长短、斜正等许多变化。单点神采飞扬,多点生机勃发。至于短横、短竖、短撇、短捺等有许多变化。因此,在处理短小笔画时要灵动多姿富于变化,避免雷同。把这些形象生动富于活力的短小笔画融入整体之中,与主笔相互辉映、相得益彰,会使整个字精神提起,从而丰富隶书的艺术表现力。

## 三、楷书之美

楷书是一种寓实用的规范性与欣赏的艺术性为一体的字体,代表着汉字字体最成熟和完善的形态。它融合了篆书圆转对称、隶书方折明晰、行草简易便捷等诸多优美的因素,具有易写易辨、方正规范、笔画端谨等特点。楷书在魏晋时期成型,经过北魏至唐,逐渐定型,沿用至今,现在仍是中国汉字最主要的通用字体。

楷书之美

楷书之美——正直、简单、礼让。

四大楷书书法家——颜真卿、柳公权、欧阳询、赵孟頫。

## （一）颜真卿——雄厚力量之美

颜真卿（见图3-5）为人忠厚、为官正直，富有正义感，做事光明磊落，一生与正气、忠义相伴，所以才能写出那样方正浑厚的字体，所谓"字如其人"。欣赏颜真卿的书法就要将人品和书品结合起来，用心体会其为人处世与书法之关系。他是四大书法家之首，在书法史上的地位非常高。

书法特点：颜真卿将篆隶之法用到楷书中，使字体具有向四周外扩的走势，显得端庄淡雅、雄浑大气。笔法丰满厚重，字体开阔，呈现出饱满的力量之美。

代表作：《颜勤礼碑》（见图3-6）、《多宝塔碑》（见图3-7）、《麻姑仙坛记》和《东方朔画赞》等作品。

图3-5 颜真卿

图3-6 《颜勤礼碑》

图3-7 《多宝塔碑》

## （二）柳公权——瘦硬之美

柳公权（见图3-8）的书法笔画硬朗、棱角分明，呈现骨感的瘦硬之美。柳公权以"柳体"楷书著称于时,家庙碑志非柳书,便会被人斥为不孝。因此,柳书碑版甚丰,其中《玄秘塔碑》最见筋骨,遒媚刚健。气脉贯通,整篇通览,气沛神足,体魄宏强,字字紧聚,个个英挺,神采奕奕。

代表作:《神策军碑》(见图 3-9)、《金刚经刻石》、《玄秘塔碑》(见图 3-10)、《冯宿碑》等。

### (三) 欧阳询——法度之美

欧阳询,楷书用笔方正结构内敛,呈现严谨的法度之美。

图 3-8 柳公权

图 3-9 《神策军碑》

图 3-10 《玄秘塔碑》

欧阳询的书法熔铸了汉隶和晋代楷书的特点,又参合了六朝碑书,可以说是广采各家之长。欧阳询书法风格上的主要特点是严谨工整、平正峭劲,用笔方正,略带隶意,笔力刚劲,一丝不苟。清包世臣曾说:"欧字指法沉实,力贯毫端,八方充满,更无假于外力。"就是说欧字强调指力,写出的笔画结实有力,骨气内含,既不过分瘦劲,又不过分丰满。每一笔画都是增一分太长,减一分太短,轻重得体,长短适宜,恰到好处。欧字的用笔还讲究笔画中段的力度,一些横画看上去中段饱满,得"中实"之趣;一些字的主笔都向外延伸,更显中宫紧密,尤其是右半边的竖画,常向上做夸张延伸,显示其超人的胆魄。

代表作:《九成宫醴泉铭》(见图 3-11)、《化度寺碑》(见图 3-12)、《皇甫诞碑》等。

图3-11 《九成宫醴泉铭》

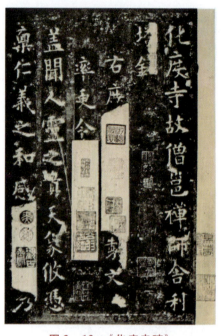
图3-12 《化度寺碑》

### (四)赵孟頫——飘逸灵动之美

赵孟頫(见图3-13)楷书内涵筋骨外貌圆润,呈现出飘逸的灵动之美。

代表作:《妙严寺记》《胆巴碑》《赤壁赋》《道德经》和《洛神赋》(见图3-14)。

图3-13 赵孟頫

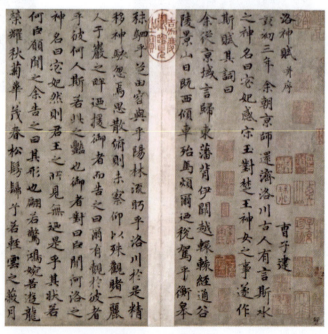
图3-14 《洛神赋》

## 四、行书之美

### （一）行书之美的特征

行书之美——行云流水、一气呵成、气韵生动。

行书是非常重要的一种字体。最早对"行书"做释义的是张怀瓘在《书断》中说："案行书者，……即正书之小讹，务从简易，相间流行，故谓之行书。"描述其特点是"非草非真"。在《六体书论》中说："不真不草，是曰行书。"

行书之美的特征

### （二）行书的结构

**1. 大小相兼**

就是每个字呈现大小不同，存在着一个字的笔与笔相连，字与字之间的连带，既有实连，也有意连，有断有连，顾盼呼应。

**2. 收放结合**

一般是线条短的为收，线条长的为放；回锋为收，侧锋为放；多数是左收右放，上收下放，但也可以互相转换，不排除左放右收，上放下收。

行书的结构

**3. 疏密得体**

一般是上密下疏，左密右疏，内密外疏。中宫紧结，凡是框进去的留白越小越好，画圈的笔画留白也是越小越好。布局上字距紧压，行距拉开，跌扑纵跃，苍劲多姿。

**4. 浓淡相融**

行书书写应轻松、活泼、迅捷，掌握好疾与迟、动与静的结合。墨色安排上应首字为浓，末字为枯。线条长细短粗，轻重适宜，浓淡相间。行书和草书差不多，但没那么草。

行书的主要代表作品：王羲之的《兰亭集序》，颜真卿的《祭侄文稿》，赵孟頫的《昨日帖》《千字文》，苏东坡的《寒食帖》，还有宋代黄庭坚、米芾、蔡襄，元代鲜于枢，明代祝允明、文徵明、董其昌、王铎，清代的刘墉、何绍基等，都擅长行书或行草，有不少作品传世。

## 五、草书之美

### （一）草书之美的特征

草书是汉字书法中的一种字体，具有结构简省、笔画连绵的特点。

它分为章草、今草、狂草三类，在书写过程中要遵循气势贯通、错综变化、虚实相生的章法原则，晋代王羲之《初月》《得示》等帖即为今草。

从草书的发展来看：草书发展可分为早期草书、章草和今草三大阶段。

早期草书是跟隶书平行的书体，一般称为隶草，实际上夹杂了一些篆草的形体。

初期的草书，打破隶书方整规矩严谨，是一种草率的写法，称为"章草"。章草是早期草书和汉隶相融的雅化草体，波挑鲜明，笔画钩连呈"波"形，字字独立，字形偏方，笔带横势。章草在汉魏之际最为盛行，后至元朝方复兴，蜕变于明朝。

汉末，章草进一步"草化"，脱去隶书笔画行迹，上下字之间笔势牵连相通，偏旁部首也做了简化和互借，称为"今草"。今草，是章草去尽波挑而演变成的，今草书体自魏晋后盛行不衰。到了唐代，今草写得更加放纵，笔势连绵环绕，字形奇变百出，称为"狂草"，亦名大草。

到了今天，草书的审美价值远远超越了其实用价值。草书是按一定规律将字的点画连字，结构简省，偏旁假借，并不是随心所欲地乱写。草书符号的主要特征之一是笔画带钩连，包括上下钩连和左右钩连。隶化笔法的横势倾向，为左右钩连的草化提供了依据。章草笔法用"一"形，今草笔法用"S"形。这是两者的根本区别。运笔放纵、点画狼藉的又称大草或狂草。

#### （二）草书的章法

草书之章法虽难以定形，但也有其必须遵循的原则。

**1. 气势贯通**

草书的气势需从用笔的精熟中来。若用笔滞凝，神情呆板，拘谨不畅，则必无势可言，贯气更谈不上了，所以书法艺术得势才能得力，得力才能得气，得气才能得神，草书之作全在神驰情纵，得心应手之间写出精神和气质来。

草书的章法

**2. 错综变化**

草书章法之错综变化难以名状，错综者指字之大小错综、疏密错综、用笔轻重错综、欹正错综等。怀素《自叙帖》、张旭《古诗四帖》皆极尽错综变化之能事，其章法常以"雨夹雪"喻之。

**3. 虚实相生**

草书章法理应"虚实相生"。"实"指纸上的点画，也即有墨的黑处；"虚"指纸上点画以外的空白，也即无墨的白处。老子曰"知白守黑"，是指哲理上的虚实，是对世间万物矛盾的一种理解和调和的方法。

## 第二节　书法的审美特征

书法是以汉字为基础，通过点画运动来表现一定情感和意蕴的艺术。它的艺术语言包括用笔、用墨、结构和章法等。

### 一、用笔之美

用笔是指行笔的方式和方法，如运笔中的刚柔、急缓、轻重、藏露、提按等。历代书家都重视用笔，主张用笔要"逆入、涩行、紧收"，也就是落笔要藏、运笔要涩、收笔要回。这是一种以中锋为主、侧锋为辅的用笔方法，中锋取劲，侧锋取妍，可使点画刚柔结合。但是，历史上也有一些杰出的书法家是以侧锋为主的。中国书论中所谓"棉裹铁""折钗股"，都是指用笔中刚柔相济的艺术效果。

笔法是欣赏书法的重要参考点，重点关注笔法是否合乎规矩法度，笔法是否具有实在的形体感，笔画是否"骨肉"相称，是否"筋脉"相通。不同的书体对线条有不同的要求，如楷书要求线条规整敦实，行书则要求线条流畅飘逸等；粗细一致毫无节奏感的线条也将丧失其美感，所以准确地表达出线条的节奏、情绪、质感，就需要书家具有细腻的手上功夫，这也是学习书法最应具备的。

书法要写出仪态活泼而富有生命力的形象，不能以点画的平庸搭配为满足，这种形象的创造，是与"意"紧密关联的，即受作者艺术构思驾驭的。古代书法家们论述"字形在纸，笔法在手，笔意在心，笔笔生意"等，正道出了这一审美原则的内涵。

## 二、用墨之美

用墨是指墨的着色程度及变化，如浓淡、枯润等。墨色对于烘托书法的神采、意境和情趣，具有重要作用。所谓"润含春雨，干裂秋风""润取妍，燥取险""带燥方润，将浓遂枯"等，都是描述用墨的审美特性的。墨色处理得当，可以产生血润骨坚的艺术效果。用笔和用墨相结合，"以笔取气，以墨取韵"，可以使书法更加气韵生动。

古人云"墨分五色"，即焦、浓、中、淡、清。墨的颜色虽然只有黑色，但书法家则可以通过墨中水分的控制来表现丰富的墨色层次，从而使作品具有强烈的色彩层次之美。

## 三、结构之美

结构是指字的分间布白、经营位置。如果说用笔体现书法的时间特征，那么结构则体现了书法的空间特征，如大小、宽窄、欹正等。用笔赋予线条的美是在字的结构中表现出来的。字的结构犹如建筑，结构对于表现情感也很重要。明代祝枝山说："情之喜怒哀乐，各有分数。喜则气和而字舒，怒则气粗而字险，哀则气郁而字敛，乐则气平而字丽。"这里所说的"舒""险""敛""丽"，都包含了结构的因素。王羲之和颜真卿写同样的字，由于各自结构的差异，可以产生不同的艺术效果。

书法赏析，另一个最重要的参考是就是书法字体的结构，考察文字的构成原则和美的规律，进行笔画间的合理安排。

不同的汉字有着不同的笔画数量、笔画位置、笔画形态，因而造就了丰富多彩、千变万化的汉字结构。不同书体对于间架结构的审美要求是不同的。如楷书要求结构严谨肃穆，行草书则要求结构灵活多变，等等。所以结构是否和谐是决定一个字成功与否的重要因素。这些或平稳或欹侧或险峻或迎让或向背的汉字结构呈现出生动自然、虚实相生、轻重协调却又不失浪漫洒脱的精神面貌，给人美的享受。

## 四、章法之美

章法又称"布白"，是指一件作品中字与字之间、行与行之间，以及所留空白的整篇布局和总体效果。好的章法布局，各字之间顾盼有姿、错落有致，各行之间气势不断。

欣赏一幅字，首先感受到的是通篇的黑白大效果。考虑布白最紧要的是，处理好虚实关系。书法中点画的运动是一个连续的过程，积画成字，积字成行，积行成篇，全篇是一个有生命的整体，在创作中一气呵成。书法中有所谓"一笔书"，并不是说全篇每个字都连接在一起，而是指气脉连贯，即使笔不连也要意连。在点画的运动中形成了各种空间，在布"黑"中同时也在布"白"，这种"白"并不是没有意义的空洞，"白"本身也包含了某种意味。书法创作中的"计白当黑"，就是把空白作为一种表现因素，它和点画的实体具有同等美学价值。

章法是指书法作品整体的构成和布局。需要书家在对作品内容准确理解的基础上运用章法布局的要领将作品表现出来。正所谓一点乃一字之规，一字乃终篇之准，即通篇需要做到首尾呼应、疏密得当、气息流畅，意蕴飞扬。这种合理的"排兵布阵"有利于巧妙地将书法家的情感和审美情趣表达出来。

书法固然不可忽视一笔一画、一字一行和整体作品的外形的观赏，但是还需要了解书法家所处的时代，以及他们的生活态度、人格和书写的内容、技巧之间的关系。只有这样，才能进入全面欣赏的境地。

## 五、形式之美

书法既有艺术性，同时也具有实用的特点，不同形式的书法作品适用于不同的场合。传统的书法作品形式有斗方、三开、中堂、条幅、对联、扇面，等等。

书法的形式之美

## 第三节　书法作品的赏析

### 一、篆书

#### （一）石鼓文

春秋战国时代，秦国由于位处西部，较为偏僻，文字的变化没有其他国家那么剧烈，保存了西周金文的风貌。其中，隶属西土系的石鼓文继承了西周金文的风貌，具备春秋战国时期的显著特征。

石鼓文

中国文字与书法在甲骨文、金文时代就力图建立一种对称形式的新秩序。西周后期的《史墙盘铭文》《秦公簋铭文》《虢季子白盘铭文》就依稀透露出整饬的信息。从书法的诸要素上看，无论是线条、结构、章法还是空间，都愈加工整，石鼓文在这方面走向了极致。

## （二）《峄山刻石》

《峄山刻石》，又称峄山碑，为秦相李斯撰文并书。它是秦刻石中最早的一块，内容是歌颂秦始皇统一天下、废分封、立郡县的功绩。该碑刻犹如一幅精美的画卷，工细到令人叹为观止。风格清秀雅致、线条圆润均匀，严谨流畅中蕴蓄着强大的力量。结体纵长，上紧下松，稳健匀称。章法布列，大小统一、井然有序、行气贯通，给人一种含蓄内敛的美感，同时也是临习小篆最好的范本之一。

《峄山刻石》的原石已被后来拓跋焘登山时毁掉，但留下了碑文。今天所见到的是根据五代南唐徐铉的摹本由宋代人所刻，现藏在西安碑林里，但与琅琊、泰山相较，仍不免有"优孟衣冠"之诮，其他的就更不用说了。但秦代的遗本已然很少，即使如此亦不能轻易舍去不用，笔画略细而匀整，且多用圆笔，字体呈方形，表现圆浑流丽之风格，确与琅琊等异趣。《峄山刻石》是小篆的代表作。书写这种字体的时候要求中锋用笔，笔毫行进时不能有任何的波动和扭曲，这样写出的线条才会给人以圆润流畅、精细圆整的感觉。

## （三）新莽嘉量

新莽嘉量（见图3-15），西汉时期著名青铜器，新（王莽）始建国元年（公元9年）颁行的标准量器，以龠（yuè）、合（gě）、升、斗、斛五量具备，故名嘉量。正中的圆柱体的上部为斛，下部为斗，左耳为升，右耳上截为合，下截为龠（二龠为合，十合为升，十升为斗，十斗为斛）。

图3-15　新莽嘉量

器外有铭文（见图3-16），分别说明各部分的量值及容积计算方法。新莽嘉量制作准确，刻铭说明详细，在我国度量衡史上占有重要地位。现存于中国台湾省。

原文：黄帝初祖，德帀于虞。虞帝始祖，德帀于新。岁在大梁，龙集戊辰。戊辰直定，天命有民。据土德受，正号既真。改正建丑，长寿隆崇。同律度量衡，稽当前人。龙在己巳，岁次实沉。初班天下，万国永遵。子子孙孙，享传亿年。

译文：黄帝是我的初祖，他的美德汇集到虞帝，虞帝是我的先祖，他的美德又辗转汇集到了新朝。戊辰年（西汉初始元年，公元8年）岁星（木星）运行到了大梁之次，北斗星的斗柄正指向苍龙星系，天下安定，上天命我继承汉代的天下，拥有所有的臣民，于是建立国号，即真天子位，以建丑之月作为岁首，社稷长寿兴隆。制定统一的度量衡标准，考察精细且合乎前人的制度，在岁星运行到实沉之次的己巳年（新朝始

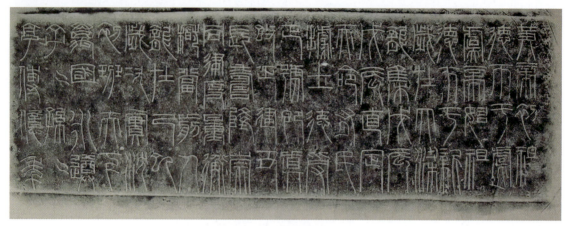

图 3-16  新莽嘉量铭文

建国元年，公元 9 年），把新朝的度量衡制诏告天下，令各郡国遵照执行，让子孙后世，享有天下，而传之于亿年万代。

### （四）李阳冰《三坟记》

《三坟记》（见图 3-17），唐李季卿（李适之之子）撰文，李阳冰书。叙述的是立碑人李季卿迁葬他三个哥哥的事情。唐大历二年（767 年）立。碑文两面刻，篆书，24 行，行 20 字。原石早佚，宋时重刻，现存于陕西西安碑林。

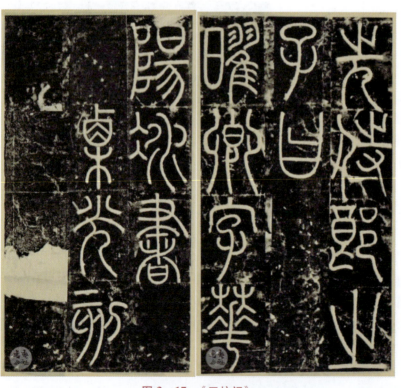

图 3-17  《三坟记》

李阳冰《三坟记》

## 二、隶书

### （一）云梦睡虎地秦简

云梦睡虎地秦简（见图3-18），1975年出土于云梦县睡虎地十一号墓，这座秦代墓葬的主人叫"喜"，他是秦国的一个基层官吏，挖掘出竹简共1 155枚，长度在25厘米左右，是我国首次发现最早最完整的法典。《秦律十八种》对研究秦代社会具有重要价值，现储藏于湖北省博物馆95号博物馆储存柜中。

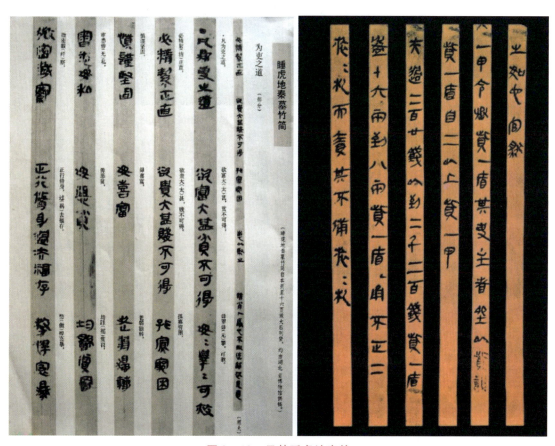

图3-18　云梦睡虎地秦简

据专家研究，这批竹简的书写时间在战国末期至秦始皇统一中国后5年（公元前217年）间，是秦国和秦朝的文字墨迹，内容涉及编年体史书、秦国法律等方面。

许多字虽然在形体上还保存了篆书结构，但写法上已是大大简化了篆书用笔的严谨性，行笔有方有圆，随意自然，书写便捷，在今天看来是一种成熟流畅、质朴秀朗的艺术风貌，表现出较高的艺术水平。

### （二）《曹全碑》

《曹全碑》（见图3-19）是东汉王敞等人为纪念曹全的功绩所立。

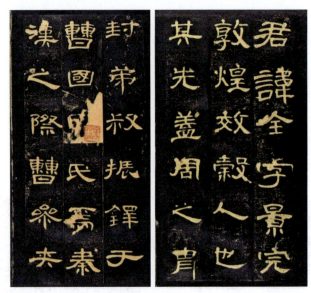

图 3-19 《曹全碑》

此碑从书法艺术上看,其用笔逆入平出,以圆笔为主,运笔如顺势推舟、不激不厉、笔势稳健、婉丽道媚、磔波较长、姿态丰富。结体精密严谨、圆润平和,虽向背,仍自然和谐。从其风格上看,此碑应属于典雅秀美一路。

《曹全碑》全称《汉郃阳令曹全碑》,此碑保存较为完整,字迹较为清晰,是汉代隶书中的精品代表之作,现藏于陕西西安碑林。此碑风格飘逸秀丽,婀娜多姿,笔法精妙细腻,"蚕头燕尾"特征明显,没有过多的起伏,温和含蓄,阴柔之美是此碑特色之处,但却柔中带刚、艳而不俗。结构多取扁形横向态势,左右开张给人稳健之感,为历代书家所推崇。临习者不可只关注到此碑秀美的特色,而应在秀美的外表下发现其骨力挺拔之处,方能写出其精妙。

## 三、行书

### (一)王羲之《兰亭集序》

东晋永和九年(353年)三月三日,王羲之和居住在山阴的一些文人来到兰亭举行"修禊"之典,大家即兴写下了许多诗篇。《兰亭集序》就是王羲之为这个诗集写的序文手稿。

《兰亭集序》又名《兰亭序》(见图3-20),是东晋书法家王羲之的行书作品。文中记叙兰亭周围山水之美和聚会的欢乐之情,抒发作者对于生死无常的感慨。《兰亭集序》书法潇洒飘逸,引人入胜。用笔上,中侧锋并用,有时信笔直下,有时锋芒毕露,有时又纤微备至,于细微处见精神。用墨上,浓淡得宜,层次分明。布局上,藕断丝连,提按顿挫,相映成趣。整个作品,构思奇妙而又端庄含蓄,法度严整而又顾盼生姿,自然流畅,气势贯通,极富韵律感和动态美,受到后人的高度评价,被公认为"天下第一行书"。

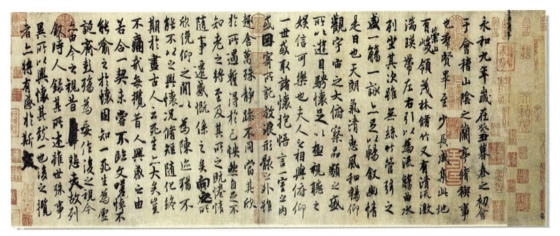

图 3-20 《兰亭集序》

## (二) 颜真卿《祭侄文稿》

颜真卿《祭侄文稿》(见图 3-21),行草,纵 28.2 厘米,横 72.3 厘米,现藏于台北故宫博物院。

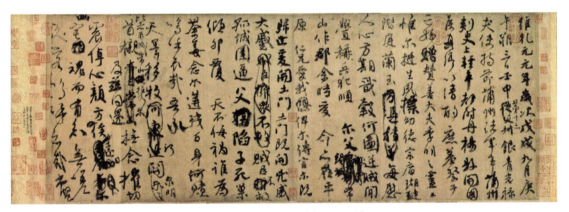

图 3-21 颜真卿《祭侄文稿》

《祭侄文稿》是唐代书法家颜真卿追祭从侄颜季明的草稿,书于唐乾元元年(公元 758 年)。此帖用笔极为精妙,纯用中锋行笔,一改中侧并用的传统用笔方法,刚中带柔、娴熟稳健,采用大量枯笔,书写时思如泉涌、肝肠寸断、悲愤至极,速度极快,这也显现出书家技艺之高超。结构上扬抑、刚柔、向背、收放也被运用得生动自然。

此文稿追叙了常山太守颜杲卿父子一门在安禄山叛乱时,挺身而出,坚决抵抗,以至取义成仁、英烈彪炳之事。本帖通篇用笔之间情如潮涌,书法气势磅礴,纵笔豪放,一泻千里,常常写至枯笔,更显得苍劲流畅,其英风烈气,不仅见于笔端,悲愤激昂的心情更流露于字里行间。很多字仍保有颜体字开阔博大的取势特点,文章通篇充斥着浓烈的正义之气,尽显雄浑刚健的神韵,被誉为"天下第二行书"。

## 四、楷书

### (一) 颜真卿《颜勤礼碑》

《颜勤礼碑》（见图3-22）全称《唐故秘书省著作郎夔州都督府长史上护军颜君神道碑》，现藏于陕西西安碑林。此碑为唐代书法家颜真卿成熟时期的代表作之一。

此碑已基本将初唐时期的楷书法度淡化，用笔一改唐楷瘦硬之风，取而代之的是雄浑丰润，尽显大丈夫之气。用笔上横细竖粗，方圆并用，横细竖粗对比非常鲜明，方圆转折果敢清晰。结字宽

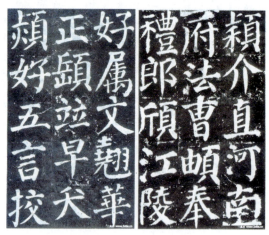

图3-22 《颜勤礼碑》

博疏朗，骨架开阔，体势外拓，气势雄强。章法上外紧内松，行距字距以及边白都较窄，视觉冲击力强烈，气势逼人，三者有机结合将颜体厚重、宽博、挺拔和雍容大度的风采展现得淋漓尽致。

### (二) 欧阳询《九成宫醴泉铭》

《九成宫醴泉铭》（见图3-23）是欧阳询晚年的经典之作，记述了唐太宗在九成宫避暑时发现醴泉之事，现位于陕西麟游县杜水之阳九成宫遗址，是我国国宝级文物之一，历来为学书者推崇。传世拓本很多，以明驸马李琪所藏北宋拓本为最佳。欧阳询在书法史上"上承六朝北碑之余韵，下开唐代楷体之先河"。

此碑美学特征如下：

（1）点画以方笔为主、方圆兼施，点画瘦劲，风骨凛凛；点画相互呼应、气韵传神。

（2）落笔藏露结合、行笔雄健有力，轻重缓急、纵敛自如，结字、行笔精到沉着、错落有致，同时又不失丰润，行笔一丝不苟，收笔之处带有隶书的笔意。

（3）其字最见神采，严谨中率意灵动，规矩中容光焕发，如深山道人，瘦硬

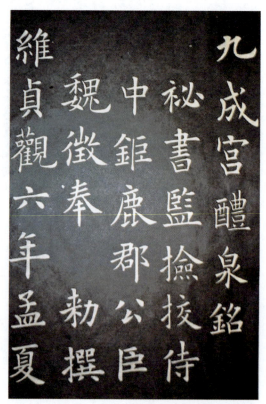

图3-23 《九成宫醴泉铭》

清寒,而神气充腴。笔画粗细变化包含着精妙的笔法,布势极尽参差,更显示了化险为夷的艺术匠心。结构取势大方得体,多用修长的态势,法度严谨,内紧外松、疏密对比强烈。

(4)整体章法疏朗,于严肃端庄中见飞动隽永之姿。字距和行距都拉得比较大,给人散淡清新之感,神采飞扬。

此碑法度森严,一点一画都成为后世模范,故成为后人学习楷书临习范本。

### (三)柳公权《玄秘塔碑》

《玄秘塔碑》(见图3-24)全称《唐故左街僧录内供奉三教谈论引驾大德安国寺上座赐紫大达法师玄秘塔碑铭并序》,现藏于陕西西安碑林。此碑是唐代书法家柳公权楷书代表作。此碑用笔结字几乎无可挑剔,笔力挺拔矫健,斩钉截铁,棱角分明,避开了颜字肥壮的竖画,将横竖写得大体均匀而瘦硬。结构上融合欧体的方整,中宫收紧,将楷法推到了极致的境界。

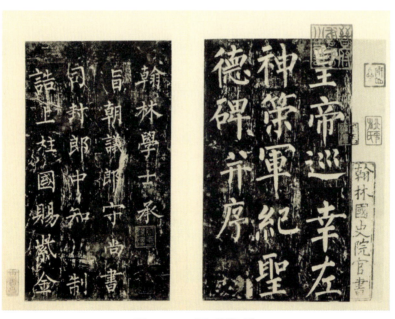

图3-24 《玄秘塔碑》

## 五、草书

### (一)怀素《自叙帖》

唐代书法家怀素所书草书巨作《自叙帖》共126行,698字。书于唐大历十二年(777年)。现藏于台北故宫博物院。

《自叙帖》(见图3-25)细笔劲健,笔画圆转遒逸、曲折盘旋、使转如环,收笔出锋锐利,正所谓"铁画银钩"。全卷草势连绵、奔放流畅,运笔上下翻转、一气呵成、轻重自如、忽左忽右、纵横捭阖、极富感染力。

怀素《自叙帖》

纵有点画分散者,也是笔断意连、互相呼应。

图3-25 《自叙帖》

### (二)唐朝张旭《古诗四帖》

张旭(约685—约759年),字伯高,一字季明,苏州吴县(今江苏省苏州市)人,唐代书法家。他擅长草书,喜欢饮酒,被誉为"草圣",与怀素并称"颠张醉素"。

唐朝张旭《古诗四帖》

# 第4章 悬挂的思想——绘画之美

## 第一节 绘画作品的语言

绘画艺术在平面上描绘物象、制造空间感，展示现实生活与绘画艺术之美，美在作品深刻的思想内涵和形式的完美结合。自绘画艺术诞生伊始，古往今来，艺术家们创造了无数辉煌的艺术作品，其风格流派更迭变幻，纷纭繁复，呈现出百花齐放的状态。

一般来说，西方绘画以具象摹写、再现客观现象为基础，重在反映客体真实，故重视远近、大小和明暗的正确性，讲究透视、明暗和投影的关系，以造成空间实体如触摸的效果。随着时代的发展，油画既重视真实地再现对象，又强调主观精神、表现自我，从具象到抽象，各种流派纷呈。中国绘画则以"神形兼备"为皈依，以追求"气韵生动"为最高境界，重在抒发主体精神。通过画家的主观精神因素，包括修养、品德、秉性等，与客观世界相融合，从而创造出具有深刻内涵的美的形象和境界。在透视规律上有别于西方的"焦点透视"，而以"散点透视"为造型法则，中国画在长期发展演变过程中，又积累了极其丰富的技法经验，讲究笔墨效果，包括以毛笔纵横挥洒，皴擦，运用线描和墨、色的变化，来表现形体和质感，强调传达神韵和气势。文人画派又将诗、书、画、印相结合，形成富有东方特色的艺术情趣。

无论中国绘画还是西方绘画，其审美特征主要体现在以下三个方面：

### 一、线条之美

线条是绘画艺术构成视觉形象的最基本语汇，线条不仅勾勒形象成为可视的绘画语汇，而且具有情感意味，可以表达画家精微、细腻的感受与意趣。线条分为直线与曲线两种形式。直线又分为水平线、垂直线、斜线三类。水平线常用来表现舒展、开阔、深远的场面，表达宁静、平稳的感受。垂直线具有伟岸、挺拔、庄严、宏大之感。斜线则具有激荡、运动、危机、冲突之感。曲线分为圆线、螺旋线、抛物线、波纹线等。与直线相比，曲线具有柔和、流动、变化、优美等特征，可以表现轻快、愉悦、婉媚、飘逸等意趣。直线与曲线，各有其妙。

## 二、色彩之美

色彩是辨别物体的重要依据，并具有强烈的表现性。色彩作为造型语汇，对于绘画而言至关重要。色彩由物体借助光的照射而形成。色彩包括固有色、光源色、环境色三种。色彩又由色相、度度、纯度三要素构成。色彩还具有温度感，称作"色性"。一般来说，分为暖色和冷色两种。色彩还具有情感意义与象征意义，叫作"情感色"和"象征色"。例如红色表达欢乐、喜庆的情感，象征光明。色彩运用的好坏直接关系到作品的优劣。

## 三、构图之美

构图根据一定的美学原则和题材、主题的要求，在平面上布置、安排所要表现的物象的各个部分和各种因素，包括线条、形体、明暗、色彩等，使之成为一个完整的艺术形象。构图是绘画艺术的最重要元素，绘画主要凭借构图而成为一门独立的艺术形式。构图的主要语汇是几何图形。其中有三角形、正方形、长方形、圆形、波浪形、S形等。

## 四、绘画的赏析

### （一）理解美术作品的立意和主题

美术家对客观事物的认识、情感都要在作品中宣泄出来，中国画就有"意在笔先，画尽意在"的哲理和方法，所以欣赏画作要注意作品的立意。当然，作品的立意有高低之分，意境深远当然给人以共鸣。

### （二）感觉美术作品的情趣和意境

美的首要特征，是具有吸引人、感染人、鼓舞人的魅力；从这一特征出发，美的形象总是耐看的，总是令人过目不忘、令人心花怒放的。美是和谐的，美从对立统一中求得和谐。因此，观赏美术作品时，应该尽情地去享受它为我们创造的优美情趣和意境。

### （三）了解作者本人以及作品创作的时代背景

美术作品可说是作者形象化的自传，是作者人生态度、审美价值的具体表现，即所谓的"画如其人"。如果没有对作者生平的了解，很难对作品有正确的理解。同时，一幅绘画作品总是一个时代生活的映射，也体现着一个时代的本质特征，没有对作品创作背景的了解，就无法深刻体会作品的精妙之处和创新之处。

## （四）多看是提高欣赏能力的关键过程

在艺术中，美是第一位的，离开了美，世界的一切都将变得憔悴和枯萎。因此，无论怎样理解作品，首先还是要能看出它的美。在提高自身艺术修养的同时，多看作品是一个提高欣赏能力的便捷途径。有比较才能有鉴别，看得多了自然会有一些自己的体会。

# 第二节 绘画作品赏析

## 一、中国人物画

凡以人物为内容的绘画统称人物画。人物画从题材上大体可分为道释画、仕女画、肖像画、风俗画、历史故事等。人物画范围很广，从画面人物多少一般又可分为群像画和肖像画，前者以突出人物活动为主，后者以描绘人物形象的酷肖为主。二者表现的侧重点虽有不同，但都要求形神兼备，即不但形象要符合人物的形体、服饰结构、比例、场景透视原理等，而且要表现出人物的性格、气质和精神、神态等。另外，中国人物画以线条表现人物的神情（神似）为其主要特点，而有别于西方绘画以注重质感、光影变化的特色。

### （一）战国《人物龙凤图》

从遗存下来的工艺品上，人们可以窥见战国时期的绘画得到了多方面的发展，但它们毕竟不是独立的绘画作品。1949年和1973年先后在湖南长沙出土的两幅帛画，可说是迄今为止，展现在我们面前的中国古代绘画中最早的作品了，具有很高的研究价值。

《人物龙凤帛画》
战国

### （二）东晋《洛神赋图》

《洛神赋图》（见图4-1）作者东晋顾恺之，绢本设色，纵27.1厘米，横572.8厘米。

顾恺之，生卒年代说法不一，无可择从，大约活动在4世纪中后期至5世纪初期。字长康，小名虎头。东晋无锡人。出身士族官僚，是我国古代杰出的画家之一，擅长人物及山水，他的绘画和画论在中国绘画史上有着极其重要的地位和影响。今天流传他的

图4-1 《洛神赋图》

作品多为后代摹本,但由于临摹时代较早,并较接近原作,对我们研究顾恺之的绘画仍有一定价值。

此《洛神赋图》卷为宋代摹本,现存四种,藏于故宫博物院。它是根据曹植《洛神赋》的内容而绘制的连环故事性长卷,虽以人物情节为主,但也有大量的山水画与之相配,我们能从中窥探当时人物画、山水画发展的艺术水平。从画面看,山石树木都以线勾,没有复杂的皴擦,设色基本平涂淡彩,水纹勾线更为流畅,如"春蚕吐丝""紧劲联绵,循环超忽,格调逸易,风趋雷疾"。但是,人物和山水的比例,树木和山石的关系都不准确,虽然在构图、技法上比汉代煮盐画像砖有了明显进步,仍属稚拙阶段。然而也不可忽视,在崇尚流行山水诗的社会风气影响下,山水画作为人物画的衬景开始向独立成科方面发展。据记载说,顾恺之著有《画云台山记》,便是纯山水画的构图设想,他画谢鲲也以山水作为配景。这些都说明顾恺之除人物画外,对山水画的发展也做出了重要贡献。

### (三) 唐代·张萱《虢国夫人游春图》

《虢国夫人游春图》(见图4-2)绢本设色,纵51.8厘米,横148厘米。虢国夫人是唐玄宗的宠妃杨玉环的姐姐,图中描绘的是虢国夫人、秦国夫人、韩国夫人及其侍从春天出游的行列。盛唐以来,随着对女性骑马的限制越来越少,贵妇们骑马出游逐渐成为身份的象征。到了后世,这种景象再也看不到了。

《虢国夫人游春图》简介

图4-2 《虢国夫人游春图》

### (四) 唐代·周昉《簪花仕女图》

周昉,名景元,字仲朗,生活在开元到贞元年间(721—804年),长安(今西安)人。出身于官宦之家,官至宣州长史,好文辞,尤擅绘事,其道释、人物、仕女皆称神品。

《簪花仕女图》(见图4-3),纵46厘米,横180厘米,绢本设色。原画可能为五幅小屏风,至宋代,方改裱为手卷形式。现藏于辽宁省博物馆。

《簪花仕女图》简介

图 4-3 《簪花仕女图》

### (五)五代·顾闳中《韩熙载夜宴图》

《韩熙载夜宴图》(见图 4-4)作者五代顾闳中,绢本,纵 28.7 厘米,横 335.5 厘米,现藏于故宫博物院,是中国十大传世名画之一。

《韩熙载夜宴图》简介

韩熙载(902—970 年),字叔言,青州人。唐末进士。唐朝灭亡后投奔南方,历南唐三朝、事三主,累官至中书侍郎、光政殿学士承旨。他博学多闻,才高气逸。举朝未尝拜一人。善为文,审音能舞,画笔精妙,工书法,善品评歌舞书画。

他放荡嬉戏不拘名节,蓄有爱妓王屋山。卒后追封为左仆射同平章事,谥"文靖"。

南唐后主李煜很想重用韩熙载,却听说他"放意杯酒间",以纵情娱乐自污,于是命顾闳中夜间至韩熙载府第,偷看韩熙载行乐的每一个场面,想借以图画劝告韩熙载停止夜夜歌舞升平的放荡生活。于是,便有了这幅《韩熙载夜宴图》。

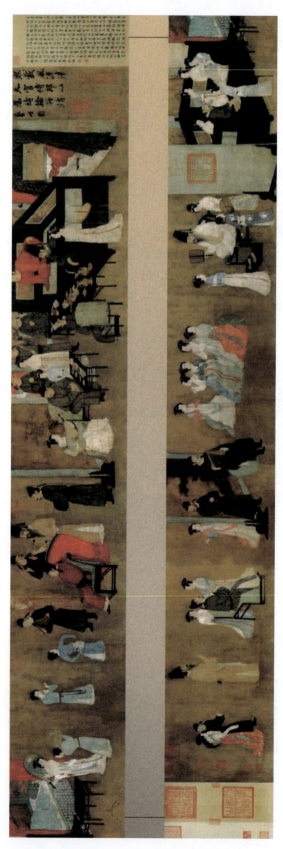

图4-4 《韩熙载夜宴图》

顾闳中（910—980 年）五代南唐画家。江南人。元宗、后主时任画院待诏。工画人物，用笔圆劲，方笔转折，设色浓丽，善于描摹神情意态。顾闳中以精湛的技艺为我们展现了五代时期的绘画面貌和社会状况。

### （六）清代·任伯年《群仙祝寿图》

《群仙祝寿图》（其局部见图 4-5）作者清代任伯年，绢本工笔设色，共 12 条屏，每幅纵 206.7 厘米，横 59.5 厘米，现藏于上海美术家协会。

《群仙祝寿图》简介

图 4-5 《群仙祝寿图》

### （七）蒋兆和《流民图》

《流民图》（见图 4-6）近代画家蒋兆和作品，纵 200 厘米，横 2 700 厘米，全画卷以一片瓦砾为背景，塑造了 100 多个无家可归、四处流浪，处于社会底层的深受战争灾难之苦的难民形象，描绘了战乱中劳苦大众流离失所的惨状，记录着日本侵略者给中华民族带来的深重灾难。《流民图》是蒋兆和历时两年创作的纸本水墨设色中国人物画。该画残存的上半卷现藏于中国美术馆，下半卷已经遗失。

《流民图》简介

图4-6 《流民图》（局部）

## 二、中国山水画

　　山水画是指以自然山川景观为描写对象的中国画。在魏晋南北朝时期已逐渐从人物画中分离出来，形成独立的画科，到唐代已完全成熟。传统上山水画按画法风格分为青绿山水、水墨山水、浅绛山水、没骨山水等。山水画是禀自然的精华、天地的秀气，所以，阴阳、晦明、晴雨、寒暑、朝昏、昼夜有无穷的妙趣。从六朝到唐朝，山水画家虽然很多，但他们的笔法、画法、章法（构图），也逐渐形成了中国山水画的面貌。五代的荆浩、关仝更有创新，一扫陈规旧习，出现了新的局面。到了宋代，董源、范宽、李成三家鼎立，前无古人，山水画法几近完美之境。

## （一）汉代《煮盐画像砖》

《煮盐画像砖》（见图4-7），汉拓片，纵34.5厘米，横45厘米，此画像砖出土于四川省邛崃市。

《煮盐画像砖》简介

图4-7 《煮盐画像砖》

## （二）隋代·展子虔《游春图》

《游春图》（见图4-8）作者隋代展子虔，绢本设色，纵43厘米，横80.5厘米，现藏于故宫博物院，有宋徽宗为展子虔的《游春图》题签，是中国现存最古老的一幅卷轴山水画。

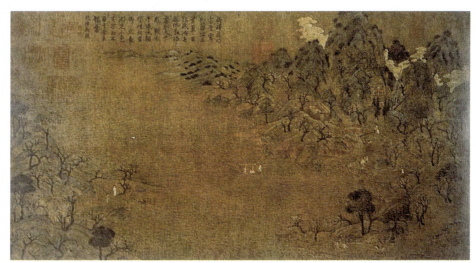

《游春图》简介

图4-8 《游春图》

41

展子虔（6世纪）渤海人，是北齐到隋朝的著名画家，入隋朝官至"帐内都督"。善画人物鞍马、山水楼阁。

### （三）唐代·李思训《江帆楼阁图》

《江帆楼阁图》（见图4-9），绢本设色，纵101.9厘米，横54.7厘米，现藏于台北故宫博物院。

《江帆楼阁图》简介

图4-9 《江帆楼阁图》

### （四）五代·荆浩《匡庐图》

《匡庐图》（见图4-10）作者五代荆浩，绢本水墨，纵185.8厘米，横106.8厘米，现藏于台北故宫博物院。

《匡庐图》简介

图 4-10 《匡庐图》

### (五) 北宋·郭熙《早春图》

《早春图》(见图 4-11) 作者北宋郭熙,绢本设色,纵 158.3 厘米,横 108.1 厘米,现藏于台北故宫博物院。

图 4-11 《早春图》

《早春图》简介

## （六）北宋·张择端《清明上河图》

《清明上河图》（其局部见图 4-12）作者北宋张择端，绢本设色，纵 24.8 厘米，横 528 厘米，现藏于故宫博物院。

图 4-12 《清明上河图》（局部）

张择端，绘画史籍很少记载，我们只有从传为他的《清明上河图》卷后面金代张著的跋文中知道，张择端字正道，山东诸城人。早年游学开封，曾在北宋画院供职。他工界画宫室，尤对舟车、市肆、街道、桥梁、城郭有独到的造诣，大约活动在 12 世纪。

在宋代，由于科学技术和社会经济的繁荣发展，绘画题材也更加广泛，反映现实社会生活的"风俗画"的优秀作品应运而生，《清明上河图》卷便是其中最杰出的代表。

《清明上河图》构图采用传统的手卷形式，鸟瞰式全景法，真实而集中地描绘了当时汴京（今河南开封）清明节时的繁华景象。画面从郊外农村画起，一直到汴河两岸、城市街容的纷纭场面，村野阡陌、舟桥流水、楼阁建筑、车轿牲畜、各种人物，应有尽有，真是包罗万象，简直是一部形象的北宋社会生活历史记录。

画中所摄取的景物，大至寂静的原野，浩瀚的河流，高耸的城郭；小到舟车里的人物，摊贩上的陈设货物，市招上的文字，细腻工整，丝毫不失。在多达 500 余人物的画面中，穿插着各种情节，蔚为壮观。

此图构图上，采取散点透视法组织画面，画面长而不冗，繁而不乱，严密紧凑，一气呵成，宏大严谨而不紊乱，布局变化多端而又真实自然，尤其是一丝不苟的笔墨功夫，反映了作者高超精湛的技艺。

### （七）李可染《万山红遍》

《万山红遍》（见图 4-13）是李可染 20 世纪 60 年代以后艺术创作进入高峰期的作品。他在 1962—1964 年曾七作《万山红遍》，成为画史佳话。此件作品为第二幅，创作于广东从化。

《万山红遍》简介

图 4-13 《万山红遍》

## 三、中国花鸟画

### （一）五代·黄筌《写生珍禽图》

黄筌，字要叔，成都人，生年不详。少时即负画名，年 17 岁为蜀后主宫中待诏。宋太祖乾德三年（965 年），随蜀后主归宋，授太子赞善大夫，同年卒。

黄筌是西蜀画院中的重要画家之一，也是我国花鸟画进入成熟阶段的一位代表人物。

据宋代《宣和画谱》记载，黄筌的作品有 349 件，但现在能见到的比较可信的只有 2 件，一是《写生珍禽图》，一是流传到国外的《竹鹤图》。

《写生珍禽图》（见图 4-14），纵 41.5 厘米，横 69.5 厘米，绢本设色，现藏于故宫博物院。

黄筌的花鸟画法是，先用细而淡的墨线勾勒出物体的部位和轮廓，然后填彩。这种"勾勒法"，刻画精细，色彩鲜明，具富丽工巧的风格。这种风格反映了统治者的审美要求，因此，成为画院的典范。他的儿子居宝、居寀，都继承了此种画法，从而形成

图 4-14 《写生珍禽图》

了花鸟画中的"黄体",对后世产生了巨大的影响。

画中各种昆虫、鸟雀和大小龟二只,左下方有"付子居宝习"的款字,可知为给其子黄居宝摹习的范本。画上的形象均各自平列,没有呼应,但其比例、动势都很准确,显示了画家敏锐的观察力和熟练的写生功夫。

### (二) 北宋·赵昌《写生蛱蝶图》

《写生蛱蝶图》(见图 4-15)作者北宋赵昌。赵昌,字昌之,四川省广汉人,生活于 10 至 11 世纪间。擅画花果,师滕昌佑。他喜欢在清晨朝露时,面对着园中的花卉摹写,因此自号"写生赵昌"。

图 4-15 《写生蛱蝶图》

《写生蛱蝶图》纵 27.7 厘米,横 91 厘米,纸本设色。上无款印,仅在卷中前后有宋代贾似道的"魏国公印",元代鲁国大长公主的"皇姊图书印"等。在接纸上另有明代董其昌写的跋:"赵昌写生,曾入御府。元时赐大长公主者。屡见冯海粟跋,此其一也。董其昌观。"此卷现藏于故宫博物院。

图绘彩蝶翔舞于野花之上,蚂蚱跳跃于草叶之下,整幅画给人以春光明媚的愉悦和轻柔的美感。花草设色淡雅,用双钩法,线条有轻重顿挫变化;虫蝶用色秾丽,以工整的细线进行勾勒。构图上以主要的空间描绘飞舞着的蝴蝶,使画面具有一种田园野趣的意境。

### (三) 北宋·赵佶《芙蓉锦鸡图》

《芙蓉锦鸡图》(见图 4-16) 作者北宋赵佶,纵 81.5 厘米,横 53.6 厘米,绢本设色。现藏于故宫博物院。

图绘芙蓉菊花,一锦鸡登栖枝上,回头转视,两只蝴蝶翩然而至。宁静的画面中,充满着祥瑞的气氛。画面右上方题有赵佶的瘦金书五言绝句一首:"秋劲拒霜盛,峨冠锦羽鸡。已知全五德,安逸胜凫鹭。"右下方款题:"宣和殿御制并书"及"天下一人"的画押。这幅作品也可能出自画院画家之手。

北宋画院花鸟画主要是继承了黄筌一派的风格:提倡写生,以勾勒填染为主,色彩艳丽,具有"富贵气"。以此画为例:斜偃着的芙蓉花,渲染精妙,双钩工整;回首仰望的锦鸡不但神态生动,而且色泽鲜艳,颇富珍禽的特质。连左下角那丛萧疏的秋菊,也被描绘得摇曳

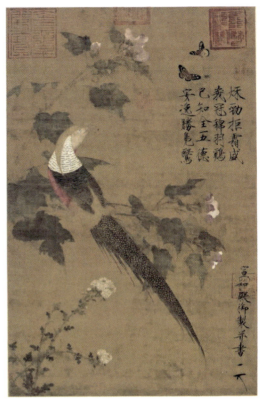

图 4-16 《芙蓉锦鸡图》

多姿,和一双翩飞的蝴蝶相对应,把作为主体的芙蓉锦鸡衬托得更加鲜明。整幅画面,传导出一种生命的活跃力,给人以典雅而宁静的美的享受。

### (四) 南宋·佚名《出水芙蓉图》

《出水芙蓉图》(见图 4-17) 纵 23.8 厘米,横 25.1 厘米,纨扇,绢本设色,传为吴炳所作,现藏于故宫博物院。

图 4-17 《出水芙蓉图》

《出水芙蓉图》简介

## （五）元代·王冕《梅花图》

王冕（？—约1359年），字元章，号煮石山农，诸暨人。他出身于贫家，儿时曾为人放牛，靠辛勤刻苦自学而成为优秀的画家。擅长画梅花、竹石。画梅，简练洒脱、自具一格。

《梅花图》卷（见图4-18），纵31.9厘米，横50.9厘米，纸本。现藏于台北故宫博物院。画上方有款云："吾家洗砚池头树，朵朵花开淡墨痕。不要人夸好颜色，只留清气满乾坤。王冕元章为良佐作。"下钤二印。

《梅花图》

图4-18 《梅花图》

## （六）明代·徐渭《荷蟹图》

徐渭（1521—1592年），字文清，后改字文长，号天池、田水月、青藤山人等，山阴（今浙江省绍兴市）人，具有爱国思想，参加过嘉靖年间的抗倭斗争，因对严嵩不满，曾被判入狱。在绘画上，富有革新精神。工画花卉，古质淡雅；也兼画山水，能不拘绳墨；又擅行书，笔意奔放。

《荷蟹图》轴（见图4-19），纵114.6厘米，横29.6厘米，纸本，现藏于故宫博物院。

图绘墨荷、螃蟹，题诗一首，钤二印。此画笔墨简约洗练。充分发挥了水墨的表现力，用笔纵横驰骋，能在疏斜历乱中求其真意，用墨泼洒浸润，能在浓淡交错中求其神采。他的绘画，大都是借物喻意，抒发个人怀才不遇、穷困潦倒的思想感情，并对水墨变化的形式美感做了有益的探索。现存重要作品除此幅外，还有《墨葡萄图》《水墨花卉卷》《芭蕉雪梅图》等。

以墨画花鸟，始见宋人，然真正充分发挥中国画中笔墨特殊效果，创立水墨大写意画花鸟的，还当推徐渭。他的这种大写意画法，经过明末的朱耷、原济，清代郑板桥等人的发展和丰富,最终形成了近代大写意画的体派。

### (七)清代·郑燮《兰竹图》

郑燮(1693—1765年),字克柔,号板桥。江苏兴化人。乾隆元年进士,曾任山东范县和潍县知县,后因赈济灾民,得罪上司,罢归扬州,以卖画为生。工诗词,善书画,尤擅兰竹,为"扬州八怪"之一。他在书画艺术上的成就,集中地表现在把诗、书、画、印紧密地结合起来,使之成为一种更完美、更丰富多姿的综合性艺术。宋元明清几代,曾涌现了一批诗、书、画"三绝"的名家,使绘画艺术大放异彩,而"扬州八怪"的出现,则把它推向一个新的高峰。在这里面,郑板桥是一个突出的代表。

《兰竹图》(见图4-20),现藏于台北故宫博物院。图绘岩缝中兰竹并茂,富幽野之趣。构图集密于中,但在山石一侧有长段题句,造成变化。兰竹均以浓墨挥写,唯岩石用焦墨配以淡墨随意皴擦。画兰叶如写草书,长撇短捺,秀劲奔放,密而不乱;画竹无竿,仅见其叶,披斜拂扬,十分潇洒。左侧题句,用"六分半书",甚是别致。

图4-19 《荷蟹图》

图4-20 《兰竹图》

郑板桥画兰竹，重视写生，笔法挺健，意境清新。"扬州八怪"集中一时，集中一地，他们的艺术承前启后，起到了继往开来的巨大作用，但他们表现的题材毕竟是狭窄的，而且思想上也有局限性。

### (八) 齐白石《群虾图》

齐白石曾说："为万虫写照，为百鸟张神，要自己画出自己的面目。"他经常注意观察花、鸟、虫、鱼的特点，揣摩它们的精神。齐白石画的虾堪称画坛一绝，灵动活泼，栩栩如生，落墨成金，笔笔传神。细笔写须、爪、大螯，刚柔并济、凝练传神，显示了画家高妙的书法功力。

齐白石画的虾（图4-21）卓有奇奥，虾的通身做半透明状，一个个都如身在水中。每一笔都代表虾体的一部分，一笔一螯，一笔一环一节，触须蔓长，虾眼和虾脑上的重笔，干湿用得恰到好处，虾体颇具弹性。真是一奇观，令人叫绝。尝自诩："八大山人尚不能如此。"

图4-21 《群虾图》

## 四、西画作品

### (一) 意大利·波提切利《春》

《春》(Allegory of Spring，见图4-22)是由意大利画家桑德罗·波提切利于1481—1482年创作的一幅木板蛋彩画，现藏于意大利佛罗伦萨乌菲齐美术馆。

该画作主要描绘了一共九人在清晨幽静的橘林草地上横列一字排开的形象，中心人物是身着盛装的美神维纳斯。画作表现了春天里的美好故事，带有浓厚的理想和神秘色彩。通过寄托于维纳斯的"人性"，表现了风神和克洛莉斯所体现的肉体的爱与三爱神所表现的精神上的爱，以及两者的和谐。

### (二) 意大利·达·芬奇《蒙娜丽莎》

《蒙娜丽莎》（见图4-23）创作于1505年，纵77厘米，横53厘米，木板油画，堪称是世界上最负盛名的传世杰作之一，也是巴黎卢浮宫的镇馆之宝。此画描绘了蒙娜丽莎，静静地坐在风景前，双手自然地搭放在一起，丰满的体态、端庄的表情中体现出神秘的性感。最让人琢磨不透的是她的微笑，显露出人物神秘莫测的心内活动，富有魅力，打动人心。因此这幅画也被后人称为"神秘的微笑"。

第 4 章 悬挂的思想——绘画之美

图 4 – 22 《春》

图 4 – 23 《蒙娜丽莎》

《蒙娜丽莎》简介

### （三）意大利·达·芬奇《最后的晚餐》

《最后的晚餐》（见图 4 – 24）创作于 1495—1498 年，纵 420 厘米，横 910 厘米，

壁画，达·芬奇从1482年到米兰起，在那儿生活了17年。这时他的科学研究和艺术创作都进入了成熟时期。1495年他接受了米兰圣玛利亚·德·格拉齐修道院的订件，在教堂餐厅绘制了《最后的晚餐》这幅大壁画。要让13个人坐在一张桌边，而且要让叛徒犹大一望便知，真可谓构图的难题，达·芬奇圆满地解决了这个难题。这幅画取自《圣经》，犹大为30块金币出卖老师耶稣的当晚，基督平静地对12个门徒说："你们中有人出卖了我。"此话在众人中引起了各种不同的反响：有人惊异，有人怀疑，有人失望，也有人愤慨。达·芬奇选取了这个情节对13个人物进行了富有戏剧性的心理特征刻画，并成功地运用透视法则突出了该画的主体，表现了空间深度，使这幅画远远超过了其他人创作的同一题材作品，成为流芳百世的佳作。

图4-24 《最后的晚餐》

画幅描绘的是一个室内餐厅，长条形餐桌后12个门徒和主耶稣一字排开。耶稣位于画面正中，两旁的门徒分为三人一组，表现出听到耶稣那句话后的不同动态和表情。耶稣左边第一人是善良的约翰，他痛苦地垂下了头。紧靠着约翰勃然大怒的人是彼得，他左手放在约翰肩上，右手操起一把餐刀，似乎要立即去找出卖老师的叛徒算账。坐在彼得前面身体后仰的人就是犹大，他一只手还抓着出卖老师而得到的一袋金币，做贼心虚，慌乱中手肘碰翻了桌上的盐盒。这三人构成了既生动又对比强烈的一组。其他门徒有的在咒骂该死的叛徒，有的在表白自己的忠诚，也有的正在探究和追问。餐桌前出现一片不安的骚动，唯有耶稣安详冷静的举止和表情，同其他人形成明显的对比。每个人物的动作、情绪和心理，作者都经过了仔细的推敲，人物组合、形体结构、明暗关系均达到了前所未有的生动和谐。作者还巧妙地运用天顶、餐桌、两侧墙面的透视线，将它们集中到耶稣头上一点，再以明亮的窗户衬托耶稣的头，使耶稣在画幅中占有突出的支配地位。尽管画家描绘了众多的形象，画面却丝毫不显混乱。整个画面在变化中有统一的条理，统一中又富于变化。这幅画在构图、戏剧性情节的处理、人物性格和心理的刻画、明暗和透视的运用等方面都达到了当时的顶峰，被公认为第一幅理想的古典绘画作品，从此被誉为不朽的世界名作。

## （四）意大利·米开朗琪罗《最后的审判》

《最后的审判》（见图4-25）题材取自《圣经》。作者当时受罗马教皇委托，历时六年半，完成这幅作品，整幅壁画场面恢宏，人物有400多人，分为天上、人间、地狱三个空间。全画以基督为中心形成一个漩涡形的结构，犹如被暴风卷走的人群，场面壮观。天使吹奏起生命的号角，基督站立在云端，高举有力的手臂，铁面无私地执行他神圣的权力。观此画会令人赞叹不已。

## （五）意大利·拉斐尔《雅典学院》

《雅典学院》（见图4-26）创作于1510—1511年，纵280厘米，横620厘米。这幅壁画以柏拉图和亚里士多德为中心，描绘了来自希腊、罗马、斯巴达以及意大利的50余位学者和哲学家聚集一堂展开热烈学术讨论的场景。

图4-25 《最后的审判》

图4-26 《雅典学院》

这些人济济一堂，情绪热烈，大厅里洋溢着百家争鸣的学术气氛。台阶上拱门正中两位学者缓缓走来（见图4-27），左边的白胡须长者柏拉图正用手指着天，右边的中年人亚里士多德则用手指着地，双方展开激烈争论。两旁众学者正凝神谛听两位哲学大师的辩论。

台阶下左侧，被众人围绕着专注于自己写作的人是数学家毕达哥拉斯（见图4-28）。他的前方站着一位用手指着书的学者，这是修辞家圣诺克利特斯，他旁边坐在桌前沉思的人是希腊学者赫拉克利特。台阶中央斜躺着孤独的犬儒学派哲学家第欧根尼。台阶下右侧一组，中心人物是弓身在地上用圆规计算着的几何学家欧几里得（见图4-29），他背后有手持天文仪器的埃及学者托勒密。最右边露出半个头的青年就是拉斐尔本人，当时把画家绘入作品的风气很流行。

图4-27 《雅典学院》局部
（右：亚里士多德 　左：柏拉图）

图4-28 数学家毕达哥拉斯

图4-29 几何学家欧几里得

画中建筑物左右两边的壁龛里塑有文艺之神阿波罗和智慧女神雅典娜。亚里士多德和柏拉图头顶上，有以焦点透视描画的层层拱门，直通画面深处，显示了拉斐尔对透视法的精通。

作品充满了对人类智慧的赞美，也出色地显示出了拉斐尔的肖像画才能和空间构成技巧。这种壮观的场面,姿态各异的众多人物,他们不同性格和气质的刻画,竟出自 27 岁的青年拉斐尔之手,真令人为他卓越的才华而赞叹不已。

### （六）法国·安格尔《泉》

在西方美术史上,有很多描绘女性人体的优秀作品。安格尔的《泉》(见图 4-30)再次将女性人体的描绘提上了一个新的高峰。《泉》中的少女赤裸着身体立在一处泉水边的石头上,她的身体并不是僵硬地直立着,而是有些轻微的弯曲。少女用手举起水罐,水罐里的水从身体的左侧倾泻而下。少女的脸上没有表情,可是双眼却透出了心灵的无邪和纯真。画中的少女圆润细腻,健康柔美,好像不是来自人间,而是来自天堂。少女是安静的,而水罐里的水是流动的,这泉水给生命带来了鲜活的动力。可以说,《泉》是象征"清高绝俗和庄严肃穆的美"的代表新古典主义的杰出作品。

### （七）法国·德拉克洛瓦《自由引导人民》

《自由引导人民》(见图 4-31)是德拉克洛瓦最具有影响力的代表作,它将浪漫主义绘画艺术推向了顶峰。作品所描绘的是一幕硝烟弥漫的巷战场面。画面的主人公自由女神造型优美,整个作品气势磅礴,结构紧凑,强烈的光影所形成的戏剧性效果与丰富而炽烈的色彩以及充满动力的构图形成了一种强烈、紧张、激昂的气氛,使画作具有激动人心的力量。

图 4-30 《泉》

图 4-31 《自由引导人民》

### （八）法国·米勒《拾穗者》

《拾穗者》（见图4-32）是米勒最重要的代表作。画面中的三个农妇穿着粗布衣裙和沉重的旧鞋子在低头拾穗，在她们身后是一望无际的麦田和堆得像小山似的麦垛，这些似乎和她们毫不相干。米勒没有正面描绘她们的脸，也没有做丝毫的美化，她们就像现实中的农民一样默默地劳动着。造型上，米勒用较明显的轮廓使形象坚实有力，很好地表现了农民特有的气质。

图4-32 《拾穗者》

### （九）法国·莫奈《日出·印象》

莫奈被人称作"印象派之父"。他是自然的观察者，也是人生的观察者。在印象派出现之前，人们普遍认为只有画得工整的画才是好画。而印象派作品的出现，颠覆了人们这一传统观念。

《日出·印象》（见图4-33）描绘了阿弗尔港口一个多雾的早上，旭日东升，晨曦笼罩下的海水呈现出橙黄色和淡紫色，天空被各种色块晕染得微微发红，强烈的大气反光中形成了多彩的世界，给人一种瞬间迷茫的感受。

图4-33 《日出·印象》

## （十）荷兰·凡·高《向日葵》

《向日葵》(见图 4-34) 是荷兰画家、印象主义画派重要代表凡·高的名作之一。很多人将凡·高称为"向日葵画家"，因为对于凡·高而言，向日葵这种花是表现他思想的最佳题材。这幅画描绘了花瓶里的 15 朵向日葵，它们热烈地盛放着，辐射的金色花瓣，丰满的橘色花面，低垂的花蕊，醒目的绿茎和花萼，强烈地象征了天真而充沛的生命。

## （十一）西班牙·毕加索《亚威农少女》

《亚威农少女》(见图 4-35) 是现代艺术创始人、西方现代派绘画大师巴勃罗·鲁伊斯·毕加索早期立体主义的代表作品，也是一幅颠覆了以往艺术方法的立体主义经典画。

图 4-34 《向日葵》

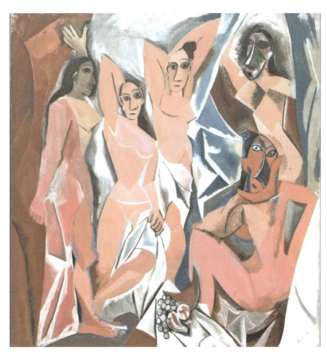

图 4-35 《亚威农少女》

这幅画显示的空间非常浅，看起来像是一个浮雕的图像，毕加索有意消除人物与背景之间的距离，力图使画面的所有部分都在同一个面上显示。可以说，《亚威农少女》是毕加索一生的转折点，没有它，也就不会诞生现在的立体主义。所以，人们往往称呼它为现代艺术发展的里程碑。

# 第5章

# 加减的智慧——雕塑之美

## 第一节 雕塑艺术的审美特征

### 一、雕塑的语言

#### (一) 三维空间

雕塑艺术最主要的语言,就是在三维的空间中表现物质实体性的形体、空间变化、节律,达到交流思想感情的目的。

雕塑家要对体积和空间的变化有高度的敏感,要善于利用和强调体积的组合变化,强调体积感和空间感,使之成为某种力量、某种感觉和某种韵律,必须使体积组合得有对比、有转折、有变化。正如罗丹说:"雕塑家一切都要在空间中思考。"

例如,古希腊菲迪阿斯的雕像是四个面,重心在一只脚,另一只脚是"稍息"的状态,两个膝盖一前一后,组成一个面;盆骨转向相反方面,又是一个面;胸部又向膝盖的方向转动,成为第三个面;头侧向另一方,是第四个面。这样,表现的是一种很稳定、很有信心、很舒展、很昂然的感觉。动作的转折很小、很微妙、很协调,表现了希腊黄金时代稳定、含蓄、很有力量、很有信心的情绪。雕塑正是从这种实体性形体的变化、体积的变化、面的变化,从人体体积的转折,从转折的韵律去表现一种情绪,一种思想,甚至是一个时代的精神。

雕塑三维空间包括雕塑的影像和周围的环境密切联系。

雕塑的影像是指雕塑整体的大轮廓,实际上就是空间形象。雕塑家为了使自己的作品能吸引观众,就要善于抓住对象的突出特点,而舍弃一切与主题无关的东西,以突出主题。雕塑和周围的环境应协调统一、互相衬托,雕塑艺术感染环境,环境使雕塑作品放射出更加夺目的艺术光彩。

### （二）雕塑的形体

一件雕塑作品的形体是给人最深印象与感受的媒介。雕塑艺术正是借由"形体"向欣赏者表达体积、空间、色感、触感、质感和情感。我们欣赏雕塑艺术时，不仅要通过视觉去感受，而且要通过触觉去感知，还要结合雕塑作品所处的环境去感悟。

### （三）雕塑的材质

雕塑创作需要借助物质媒介材料，这样才能将艺术形象固化。不同的材料和媒介，可以产生不同的美感特性。如木质纹理清晰美观，色泽深沉，古朴典雅，适合雕刻历史题材、古代人物；大理石质地光洁细腻，适宜表现纯洁、优美的艺术形象；青铜材料坚固，富丽，有金属光泽，适宜表现崇高、高贵的艺术形象。

### （四）雕塑的意蕴

李泽厚说："雕塑的本领在于它能突出地表现概括了的、理想性强的，单纯的性格、品质和气概。"

雕塑是静态的空间形象，由于受造型语言的限制，只能在动与静的交叉点上，通过瞬间的现象凝练地表达某种思考或内心情感。一位杰出的雕塑家总是能够充分利用雕塑本身的特征，由静致动，由个别见一般，由局部见整体，使作品的造型具备一种从有限中见无限的本领，塑造出富有变化的高度概括的美的形象，引发观赏者的遐思。

## 二、雕塑的欣赏方法

我们在欣赏一件雕塑作品时，应当有意识地观察雕塑所处的自然环境和人文环境，琢磨雕塑与环境之间是否存在内在的呼应、对话或共鸣。

### （一）感受雕塑的形体特征

形体美是雕塑形式美的灵魂。优秀的雕塑家在塑造艺术形象时，总是在三维空间中，透过瞬间的造型展示形象的动势、情绪和生命力。我们在欣赏雕塑艺术时，无疑也应从形体入手，从外在的形体，感受其内蕴的思想感情和生命活力。

### （二）探求雕塑作品的精神内蕴

一件雕塑作品创作，总是与艺术家生活的时代、人生的经历以及他的审美崇尚有着千丝万缕的联系。欣赏雕塑作品就要善于循着作者的心灵轨迹去探知单纯的造型形象中蕴含的情绪和审美倾向，从而寻求作品表达的理性诉求和审美理想。

### （三）厘清作品与环境的相互关系

雕塑作为一种在三维空间中塑造形体的艺术，不可避免地与其所处的环境发生联系。我们在欣赏一件雕塑作品时，应当有意识地观察雕塑所处的自然环境和人文环境，琢磨雕塑与环境之间是否存在一种内在的呼应、对话或共鸣。

## 第二节　雕塑作品赏析

### 一、中国雕塑作品赏析

#### （一）秦朝《跪射兵马俑》

秦始皇陵兵马俑，是秦始皇陵的陪葬坑，内有和真人、真马大小相似的陶俑、陶马近 8 000 件，被誉为"世界第八大奇迹""20 世纪考古史上的伟大发现之一"，充分体现了我国古代雕塑高超的艺术水平。这些俑采用陶土烧制而成，运用绘塑结合的表现方式，手法细腻、明快，注重传神。每个陶俑的装束、神态各具特色，情态惟妙惟肖，如坚毅果敢的将军俑、意气风发的武士俑等。兵马俑体形高大，与真人真马几乎等高。其中武士俑高约 1.8 米，马俑高约 1.5 米。这些俑排列整齐，形成规模庞大的军阵。纵观这规模宏大的俑群，其整体气势之浩大、风格之雄浑厚重、造型之洗练，无不给人以强烈的震撼。

图 5-1　跪射俑

《兵马俑-跪射俑》简介

#### （二）西汉《马踏匈奴》

《马踏匈奴》石雕（见图 5-2），突出表现在大型纪念性石刻和园林的装饰性雕刻上，是汉朝骠骑将军霍去病墓石刻，是留存至今的一组非常具有代表性的大型石雕作品。这件石马，表现的是和霍去病生死相依的马。霍去病在生前就是骑着这匹马征战厮杀，立下战功的。石马实际上是霍去病的象征。石马高 1.68 米，长 1.9 米，形态轩昂，英姿勃发，一只前蹄把一个匈奴士兵踏倒在地，手执弓箭的士兵仰面朝天，露出死难临头的神情。工匠把马踏匈奴人这一壮举雕琢在花岗岩上，形象地表现了大汉帝国的强盛而不可撼。工匠用一人一马，高度地概括了霍去病戎马征战的丰功伟绩。战马剽悍、雄壮、镇定自如，巍然挺立。与之对比的是，昔日穷凶极恶的匈奴士兵此时仰首朝天，蜷缩在马腹之下，虽已狼狈不堪，但仍凶相毕露，面目狰狞，手持弓箭，企图垂死挣扎。作品通过简要、准确的雕琢，尤其是在马的腿、股、头和颈部凿刻了较深的阴线，使勇敢而忠实的战马跃然而出，像纪念碑一般持重圆浑。这一

图 5-2 《马踏匈奴》石雕

作品把圆雕、浮雕、线雕等传统手法结合一体，既生动、凝练，保持了岩石的自然美，又富有雕刻艺术之美。

整个作品风格庄重雄劲，深沉浑厚，寓意深刻，耐人寻味，既是古代战场的缩影，也是霍去病赫赫战功的象征。雕塑的外轮廓准确有力，形象生动传神，刀法朴实明快，具有丰富的表现力和高度的艺术概括力，是我国陵墓雕刻作品的典范之作。

### （三）东汉《马踏飞燕》

《马踏飞燕》（见图 5-3）又名东汉铜奔马、铜奔马、马踏飞隼、凌云奔马等，是 1969 年 10 月出土于甘肃省武威市雷台汉墓的东汉青铜器，现藏于甘肃省博物馆。

《马踏飞燕》简介

《马踏飞燕》身高 34.5 厘米、身长 45 厘米、宽 13 厘米、重 7.15 千克。一匹躯体庞大的马，踏在一只正疾驰的飞燕背上，马形象矫健俊美，别具风姿，昂首嘶鸣，躯干壮实而四肢修长，腿蹄轻捷，三足腾空、飞驰向前，一足踏飞燕，飞燕吃惊地回过头来观望。作品表现了骏马凌空飞腾、奔跑疾速的雄姿。"马踏飞燕"先后被确定为中国旅游标志、国宝级文物，还被列入《首批禁止出国（境）展览文物目录》。

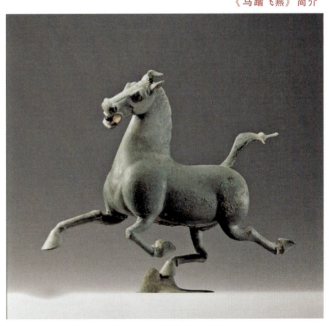

图 5-3 《马踏飞燕》

### (四)唐代乐山大佛

乐山大佛(图5-4)是世界上最大的石刻弥勒坐佛。它位于四川省乐山市,岷江、青衣江、大渡河的三江交汇处,与乐山城隔江相望。

图5-4 乐山大佛

佛像于唐玄宗开元初年(713年)开始动工,历经90年,经三代工匠及无数人捐款、出力的努力,至唐德宗贞元十九年(803年)才完工。

大佛头部高肉髻圆突,石块镶嵌而成的螺髻遍布,脸形方圆而扁平,木柱结构的两耳,大而垂肩,木柱做的扁平鼻梁,长条形弯眉呈现出一份西南地区特有的柔性美感,双眼半睁半闭,意味深长地注视着足下的信众以及乐山城的相望者。身着右衽敞胸袈裟,红砂岩制的袈裟上没有多余的装饰。双手轻轻按压在双膝之上,双膝就山崖而雕琢,膝下为宽大的赤足。整个塑像在红砂岩质的山体上进行雕刻,聪明的匠师采用了透视缩短法进行创作,将恢宏的弥勒佛坐像准确而生动地创作出来。在大佛左右两侧沿江崖壁上,还有两尊护法天王石刻,与大佛一起形成了一佛二天王的格局。雄伟的佛像与岷江、青衣江、大渡河相互映衬,在翻滚的江河的衬托下,佛像的无限体量、无限神性和无限的悲天悯人气质被活灵活现地表现出来,后世赞誉其为"山是一尊佛,佛是一座山"。

### (五)南宋大足石刻

大足石刻宝顶山摩崖造像主要开凿于南宋淳熙至淳祐年间(1174—1252年),具有

"假使热铁轮,于我顶上旋,终不以此苦,退失菩提心"精神的虔诚教徒赵智凤,募捐钱财,召集能工巧匠,苦心经营数十年,造就了这一伟大的佛教艺术杰作。大足石刻造像主要流行密宗、华严宗、禅宗题材,尤以密宗为突出,有各种观音菩萨(千手千眼、十一面、如意轮、数珠手、不空罥索、白衣观音等)、八大菩萨、地藏与十三变、地藏与六趣轮回变、地狱变、毗沙门天王、孔雀明王、诃梨帝母、普贤神变,等等。还有禅、密、净土、华严诸宗所崇奉的尊像。

《大足石刻》简介

### (六)人民英雄纪念碑浮雕

为了纪念在人民解放战争和人民革命中牺牲的人民英雄,中国人民政治协商会议第一届全体会议决议,在北京天安门广场中心修建人民英雄纪念碑(其局部见图 5-5)。在纪念碑碑身下方,镶嵌着八幅巨大的汉白玉浮雕,分别以"虎门销烟""金田起义""武昌起义""五四运动""五卅运动""南昌起义""抗日游击战争""胜利渡长江"为主题,浮雕高 2 米,总长 40.68 米,浮雕镌刻着 170 多个人物形象,每个人物都和真人一样大小,他们的面貌感情和姿态形象都不相同,生动而概括地表现出中国人民 100 多年来,特别是在中国共产党领导下 28 年来反帝反封建的伟大革命斗争史实,具有重大的社会意义。这组浮雕作品群,汇集了当时全国一批著名的雕塑家,历时 6 年完成,集中反映了当时我国雕塑艺术的水平。

图 5-5 人民英雄纪念碑局部

## 二、西方雕塑名作欣赏

### (一)《米洛斯的维纳斯》

在希腊化时期,表现女性人体美的雕塑日渐增多,对爱与美之神阿芙洛狄忒(罗马神话中被称为维纳斯)的歌颂更是层出不穷,其中最为著名的就是这尊《米洛斯的维纳斯》(见图5-6),它已经成为赞颂女性人体美的代名词。《米洛斯的维纳斯》雕像高约2.4米,整个造型为S形矗立于一块方形石板上,是迄今被发现的希腊女神雕像中最美的一尊。女神的身材端庄秀丽,肌肤丰腴,美丽的椭圆形面庞、希腊式挺直的鼻梁、平坦的前额、丰满的下巴和平静的面容,流露出希腊雕塑艺术鼎盛时期沿袭下来的理想化传统。作为爱与美之神,她的表情与身姿既有庄重、典雅的纪念碑性,又有一个年轻貌美女性的柔情和妩媚;神情的肃穆却被嘴角那一丝不易察觉的微笑所掩盖;整个身体结构呈现螺旋上升的态势,腰部以下充满褶皱的裙摆增加了人物雕塑下部的重力感和稳定感,而上半身则突显出一种光洁、细嫩、轻盈、秀美的质感与美感。尤其令人惊奇的是她的双臂,虽然已经残断,但那雕刻得栩栩如生的身躯,仍然给人以浑然完美之感,因而获得了"断臂美神"的美誉。

图5-6 《米洛斯的维纳斯》

### (二) 埃及《纳芙蒂蒂像》

《纳芙蒂蒂像》(见图5-7)高47厘米,重约2千克,至今保存完好。《纳芙蒂蒂像》被誉为世界雕塑史上最美的女子雕像之一,雕像摆脱了古埃及程式化的艺术特点,造型活泼清丽,色彩质朴生动,特别是皇后清秀的面孔、端正的五官、温和的表情、略带微笑的嘴角和优美的脖颈曲线,构成庄重优雅的仪态。

图5-7 《纳芙蒂蒂像》

## （三）《阿芙罗狄忒的诞生》

《阿芙罗狄忒的诞生》（见图 5-8），希腊古典时期初期大理石浮雕。高 107 厘米，长 144 厘米。出于爱奥尼亚雕塑家之手，作于公元前 470—前 460 年。浮雕正表现她被两个女神搀扶着从海水中徐徐涌出时的情景。她伸开双臂，露出美丽的侧脸，湿淋淋的衣服紧贴其身，衬托出凸起的乳房和娇嫩的肌肤。

图 5-8 《阿芙罗狄忒的诞生》

## （四）吕德《马赛曲》

浮雕《马赛曲》（见图 5-9）是法国 19 世纪浪漫主义雕塑家吕德的作品，也是一件歌颂法国大革命的史诗性作品。《马赛曲》整个画面可以分为上下两个相互照应的部分。上部为一象征自由、正义、胜利的正义女神，她头戴战盔，身穿铠甲，右弓腿。右手紧握指挥剑，指引人民前进的方向，用力地向左后扭转头部，高举左手，大声地呼唤着后来者。她那鼓起的双翼以及逆风鼓动的裙褶，塑造出了一种激情与前进的运动感。下半部是一群志愿军战士，中间那个长着络腮胡子的壮年战士，表情强悍激昂，右手高举着从头上摘下来的钢盔，正转过头来向左侧的人群喊话；左边紧挨着他的是他的儿子，少年依傍着父亲，走得更加坚定有力。其余人物有持盾牌和宝

图 5-9 浮雕《马赛曲》

剑的年迈战士，有吹进军号的青年，有弯腰系结兵器的弓箭手。所有这些人物被组成一个整体，显出一种剑拔弩张的声势。后面是飘扬着的旗帜和林立的弓矛枪箭，这些细节与前面的人物融汇成千军万马的气势。为了保卫祖国，这股战斗的洪流似将从墙上冲出，给人以巨大的感染力。

# 第6章

# 技艺的融合——器皿之美

在日常生活中，我们天天都要与各种器皿打交道，器皿之美不仅使人赏心悦目，而且能使人感受到生活的惬意，从而唤起人的生活热情。器皿之美一般表现在造型美、装饰美和质地美几个方面。

## 第一节　青　铜　美

青铜器（Bronze Ware）是一种由青铜合金（红铜与锡的合金）制成的器具，其铜锈呈青绿色。最早的青铜器出现于6 000年前的古巴比伦两河流域，诞生于人类文明时期的青铜时代，是一种世界性文明的象征。

在中国夏商时期，青铜的冶炼技术成熟之后，很快吸收了陶器制作造型的经验，很多器皿被做成了动物的造型。因为青铜材质熔化后的可塑性更强，加之其坚柔性、表面的光洁性等都比较好，所以，青铜器皿做成各种动物造型后，不仅整体上更美观，而且细节表现更完美。

青铜器作为宗法制度、礼乐制度的外在化身，也是权力和财富的象征，历来为统治者所重。与此同时，其多变的造型、精美的纹饰以及内容丰富的铭文，极具美学价值与史料价值。

### 一、青铜器的等级制度

青铜器有着严格的等级规定，根据周朝礼制，不同等级有着明确的使用限制。

天子：九鼎八簋；诸侯：七鼎六簋；大夫级别的大臣：五鼎四簋；上士：三鼎二簋；下士：一鼎一簋。下级不得僭越多设，所列鼎簋形制、纹饰均相同，唯体积逐渐变小。到了东周，用九鼎八簋的不仅限于天子，变为天子和诸侯。显而易见，这也能体现出周朝分裂的历史事实。

銮铃古代是挂于帝王车上的精美青铜小铃，大多数拴于马耳处。"四马八铃"在周代是仅限于天子的，而历朝历代也只有帝王的车驾才会用銮铃，故銮铃成为帝王车驾的代称。

## 二、青铜器图案

商周青铜器的纹饰有着不同的艺术特征，也具有不同的社会意义。商代的宗教意义大于审美，而周代更体现出生活气息。纹饰是一个社会思想文化和精神文明的载体，它的变化反映着社会的变化，反映着人们生活状态的变化，而作为礼器的青铜器，在商周社会占有非常重要的地位。

### （一）动物类纹饰图案

受制于特定的生产力水平和生活哲学，青铜器在运用动物类纹饰图案方面具有浓厚的"动物崇拜"的色彩。在当今出土的青铜器中，我们可以发现常见的动物类纹饰主要可以分为两类：一类是与生活世界紧密相关的各种动物，比如牛、羊、鹿、虎、乌龟、象（见图6-1）、鱼（见图6-2）等纹饰图案形象，这些图案纹饰基本上以形象化的方式被铸在青铜器外侧或者做成青铜器的形象，代表着人们对于生活中某一特殊价值（如权力、食物、生活审美等）的关怀；另一类动物是现实生活中没有真实存在，人们主观想象出来的"神兽"，比如饕餮纹、龙纹、夔纹等，是人们艺术创作、主观想象和神话传说等综合性因素的产物。

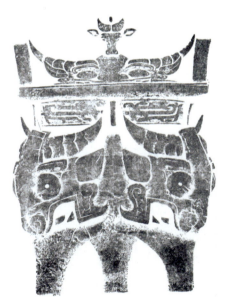

图6-1　伯矩鬲象纹饰

图6-2　青铜镜鱼纹

饕餮纹（见图6-3），是商周青铜器上最常见的纹饰之一，盛行于商代和西周早期。饕餮是一种贪吃的野兽，《吕氏春秋·先识览》载"周鼎著饕餮，有首无身，食人未咽，害及其身，以言报更也"。宋代金石学家将青铜器上表现了各种野兽及其头部的纹饰统称为饕餮纹。实际上它综合了多种动物的特征，通过艺术的夸张和抽象的手法，形成幻想中的怪兽，给人以神秘威严之感。最具特点的是兽目，炯炯有神、不怒自威。商代早期饕餮纹做器物的主纹，这种纹饰的构图形式，饰于器物的颈部和腹部，一般多呈带状分布，上下界以连珠纹，亦有上下加上一周回纹带作为花边或无花边的。

图6-3　青铜器的饕餮纹

　　龙纹包括夔纹和夔龙纹（见图6-4）。龙是中华民族发祥和文化开端的象征，炎黄子孙崇拜的图腾；龙所具有的那种威武奋发、勇往直前和所向披靡、无所畏惧的精神，正是中华民族理想的象征和化身。龙文化是中华灿烂文化的重要组成部分。所以，中国人多喜爱龙，以至出现叶公的典故。在中国文化中，龙文化的延伸由龙的传人、龙的崇拜到龙的服装、装饰器皿和用具到传统建筑上的辟邪物等。可以说文化涉及哪里，龙文化就延伸到哪里。这里的"夔"古称是一角一足的动物，实际上则是双足动物的侧面像。

图6-4　秦公镈夔龙纹饰

　　凤鸟纹，按照构图形象分为长喙鸟纹，体躯是鸟，头部有一较长的喙；鸱枭纹，正面，大圆眼，毛角大翅，盛行于商代中晚期；雁纹，是鸟纹中写实的形象，属春秋晚期北方的风格。蟠螭纹，民间有龙生九子，蛟和螭都是龙子的说法，而蟠则指"盘曲而伏",古代青铜器上的蟠螭纹,其身体和腿似龙而面部似兽。此纹是春秋战国和汉代玉器上的主要纹饰。

### (二)数学几何图形类纹饰图案

数学几何图形类纹饰图案(见图6-5)也是青铜器常见的一种图案,在这方面常见的如鱼鳞状的纹饰、窃曲纹饰、云彩纹饰、重环纹饰等,这些纹饰并不与特定的某种价值理念进行挂钩,更多的是作为一种附属性的、点缀性的作用被铸造在青铜器上。用今天艺术解构的话语来讲就是一系列无生命力指向的点、线、面等几何图形的重叠排列,大多带有一定的抽象性特点,是人们对客观世界的几何化抽象的产物。因为在设计者们看来,这种简单的几何图形纹样本身就具备抽象、单纯、简单的属性,制作工艺要求的门槛并不高,因此它们得到了广泛的应用。

图6-5 青铜器的乳钉纹、连雷纹

### (三)相对复杂的装饰纹样图案

与相对简单的动物类图案、数学几何形图案相比,相对复杂的装饰纹样类图案更多的是基于自然风物类图案、连续纹样类图案的搭配。比如常见的连续纹样类图案主要包括二方连续纹样和四方连续纹样等类型,这些不同的纹样图案进行不同的搭配混合往往会产生出形态各异、层次不同的审美格局,但是无论如何搭配,基于审美的价值偏好不同,相对复杂的装饰纹样图案总会呈现出主纹样和次纹样的差异性。

## 三、青铜器的器型

青铜器根据其功能的不同,造型也非常丰富,据《商周彝器通考》的记载,仅生活用具和乐器的名目就有57种,同一种功能还有不同的器具和造型。青铜器的器型大都是从传统的陶器继承、发展而来的,在不影响实用功能的前提下,力求造型的庄重与形式的完美。

青铜器按功能分,可以分为以下几种:
食器:用于盛放食物或炊煮食物,主要有鼎、簋。
酒器:顾名思义,用于煮酒、盛酒、饮酒、贮酒。商人好酒,酒器的造型也有20

种以上，主要有爵、觚、觯、角、散、尊。

水器：用于盥洗，主要有壶、盘、盂。

乐器：在祭祀、典礼、宴会等场合或军中供奏乐。

兵器：用于战争。

礼器：被赋予特殊意义的青铜器，用于祭祀、宴会等。

## （一）食器

### 1. 鼎

鼎（见图6-6），圆腹、三足、两耳，也有四足方鼎，鼎是为烹煮食物而作，相当于现在的锅，也可以盛放鱼肉用，相当于现在的盘子。它也是祭祀中最主要的重器，故其造型精美。由于方深圆浅不同，产生的美感也各不相同。鼎的造型的演进，反映着时代的变化。商代早期的鼎，腹部较深，足部呈三足鼎立的锥形。再到后期，鼎的足部开始变宽呈马蹄形，为了使用的稳定，腹部变浅，还出现了带盖子的形式。

图6-6　堇鼎

### 2. 簋

簋（guǐ）（见图6-7），铜器铭文作"毁"，相当于现在的大碗，盛饭用。一般为圆腹、侈口、圈足，有无耳、两耳、三耳，甚至四耳的。

图6-7　青铜簋

### 3. 鬲

鬲（lì）（见图6-8），煮饭用，一般为侈口、三空足。

### 4. 甗

甗（yǎn）（见图6-9）相当于现在的蒸锅。全器分上、下两部分，上部为甑，置食物；下部为鬲，置水。甑与鬲之间有一铜片，叫作箄。上有通蒸气的十字孔或直线孔。

图6-8 伯矩鬲

图6-9 伯矩甗

**5. 簠**

簠（fǔ）（见图6-10），长方形，古书里写作"胡"或"瑚"，口外侈，盛食物用。四短足。有盖，盖、器大小相同，合上成为一器，打开则为相同的两器，在古器物学上又称为"却立"或"却置"。

**6. 盨**

盨（xǔ）（见图6-11），盛黍、稷、稻、粱用。椭圆形，敛口，二耳，圈足，有盖。

图6-10 春秋窃曲纹簠

图6-11 西周晋侯盨

**7. 敦**

敦（duì）（见图6-12），盛黍、稷、稻、粱用。三短足、圆腹、二环耳、有盖。也有球形的敦。

### 8. 豆

豆（见图6-13），形如今之高足盘，上有圆盘或碗形盘，下有长握，有圈足，多有盖，盖上有提手或环钮，可仰置。柄的专名称"校"，圈足的专名称"镫"。豆本用盛黍、稷之类，后也用来盛肉食，就是专门盛放腌菜、肉酱等调味品的器皿。

图6-12 战国铜敦

图6-13 青铜豆

## （二）酒器

### 1. 爵

爵（见图6-14），饮酒器，相当于后世的酒杯，圆腹前有倾酒用的流，后有尾，旁有鋬（把手），口有两柱，下有三个尖高足，造型非常精妙。美术史论家多有分析，它的体积虽小，但和青铜的庞然大器相比，却不显其微薄。爵斜出的细腿造型至今犹有吸引人的魅力。

图6-14 商代青铜爵

## 2. 觚

觚（gū，见图6-15），饮酒器，体短粗且不分区段，长身、侈口、口和底均呈喇叭状，个别的觚口部出现有流。觚的形制为一具圈足的喇叭形容器，觚身下腹部常有一段凸起，于近圈足处用两段扉棱作为装饰。商早中期器形较矮，圈足有"十字孔"。商晚期至西周早期造型修长，外撇的口、足线条非常优美，纹饰繁复而华贵。

图6-15 青铜觚

## 3. 卣

卣（yǒu，见图6-16）是盛酒器中的主要一种，体细长，椭圆小口、圈足，深腹，腹部形状或圆或椭圆或方，也有做圆筒形、鸱鸮形或虎食人形，有盖并有提梁。

图6-16 提梁卣、史伐卣

### 5. 角

角（见图6-17），饮酒器，形似爵，前后都有尾，无两柱。有的有盖。角与爵容量之比为四比一。《礼记·礼器》中称：宗庙之祭，尊者举觯，卑者举角。商周之际发展为造型精美的礼器，流行于周中期之前，之后开始衰落。

### 6. 尊

尊（见图6-18），盛酒器，形似觚，中部较粗，口径较小，也有方形的。尊为高体的大型或中型的容酒器。尊与彝一样，是祭祀的礼器之共名，是指一组祭器，而不是指某种礼器的专名。尊彝各有其用，但又相互连称，既表示它们是礼器中特别重要的盛酒器，也代表一套相应的礼制。《周礼·寿宫》记载了祼礼（古代酌酒灌地的祭礼）用彝、朝践用尊的事宜。尊流行于商周，因其特殊地位，不仅汉代沿用，甚至到宋代徽宗年间仍制作有"宣和三年尊"。

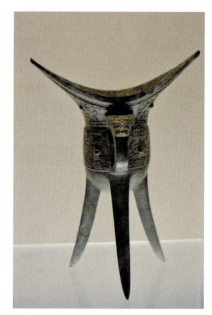

图6-17 青铜角

### 10. 方彝

方彝（见图6-19），盛酒器。高方身，有盖，盖形似屋顶，且有钮。有的方彝上还带有觚棱。腹有曲的，有直的，有的在腹旁还有两耳。

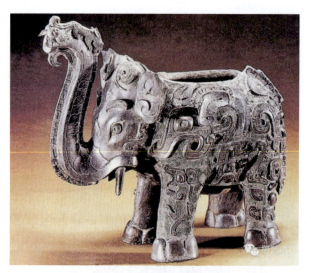

图6-18 青铜象尊

图6-19 青铜方彝

### 11. 勺

勺（见图6-20），取酒器。一般为短圆筒形，旁有柄。

图 6-20　青铜勺

## （三）水器

### 1. 壶

壶（见图 6-21、图 6-22），盛酒或盛水器，有圆形、方形、扁形和瓠形等多种形状。如《诗经》上说"清酒百壶"，《孟子》中说"箪（dān）食壶浆"。

图 6-21　曾仲游父壶

图 6-22　春秋早期龙纹方壶

### 2. 盘

盘（见图 6-23），盛水或承接水。多是圆形、浅腹，有圈足或三足，有的还有流。敞口平沿，圈足，两耳。

### 3. 罍

罍（léi，见图 6-24），盛酒器或盛水器。有方形和圆形两种形式。方形罍宽肩，两耳，有盖；圆形罍大腹，圈足，两耳。两种形状的罍一般在一侧的下部都有一个穿系用的鼻。

图 6-23　青铜盘　　　　　　　图 6-24　青铜罍

### 4. 瓿

瓿（bù，见图 6-25），盛酒器或盛水器，亦用于盛酱。流行于商代至战国。器型似尊，但较尊矮小。圆体，敛口，广肩，大腹，圈足，带盖，有带耳与不带耳两种，亦有方形瓿。器身常装饰饕餮、乳钉、云雷等纹饰，两耳多做成兽头状。

### 5. 盂

盂（见图 6-26），盛水或盛饭的器皿，广口、深腹、圈足，有附耳，很像有附耳的簋，但比簋大。多数盂的高度在 40 厘米以上，口径多在 55 厘米以上。

### 6. 匜

匜（yí，见图 6-27），椭圆形，三足或四足，前有流，后有鋬，有的带盖。《左传》有"奉匜沃盥"，沃的意思是浇水，盥的意思是洗手洗脸，意思是用匜浇水洗手洗脸，是一种重要的礼仪。

图 6-25　青铜瓿

图 6-26　青铜盂　　　　　　　图 6-27　青铜匜

## (四)乐器

### 1. 编钟

编钟(见图6-28),打击乐器(宫廷雅乐)。面较大而薄,多为弧形,根部凹进,边部稍作翘起。

图6-28 曾侯乙编钟

### 2. 钲

钲(见图6-29),别称"丁宁",是指铜制中国古乐器,形似钟而狭长,有长柄可执,口向上以物击之而鸣,在行军时敲打。几个大小不同的钲组合在一起,成为"编钲"。

钲在使用时以槌敲击,盛行于春秋时期南方诸国。从文物考古可以看到,钲在汉、魏、晋时期的行军仪仗中仍很流行。

### 3. 镈

镈(bó,见图6-30)与钟都是古代的打击乐器,两者的形制相似,主要的区别是:钟口为内凹的弧形,镈则为平口,镈体趋向浑圆。在传世的镈中,素命镈(春秋中期,齐国)、叔夷镈(春秋晚期,齐国)、邾公孙班镈(春秋晚期)都自称为镈,其他的镈形制像镈而铭文中称为钟。

图6-29 青铜钲

### 4. 铙

铙(见图6-31),商朝时军队盛行的乐器。腔体似铃,横部面呈叶形,形制与钹基本相同。

图 6-30 青铜镈

图 6-31 青铜铙

### 5. 铎

铎（duó，见图 6-32），指一种大铃，形如铙、钲而有舌，古代宣布政教法令用的。该字在《左传·襄公十四年》"故《夏书》曰：'遒人以木铎徇于路'"中有提及。

### 6. 铃

铃（见图 6-33），形状像钟，但比钟小得多。古代除了用它作为乐器外，车上、旗上、犬马上都系铃。

图 6-32 青铜铎

图 6-33 青铜玲

### 7. 鼓

鼓（见图 6-34）面边缘略向外延伸，胸部鼓突，束腰，空腹，撇足。

### (五) 兵器

青铜兵器有戈、矛、戟、钺、刀、剑、铍、殳、匕首、弩机、矢镞、胄、甲、盾等。现在出土的春秋时期越王勾践剑制作精美，完好无损，锋刃依然锐利无比。下面主要介绍以下几种：

**1. 钺**

钺（见图6-35），形状像板斧斧头而比斧头更大，本是王者贵族用于劈砍的兵器，也是象征权力的刑器和礼器。

图6-34 青铜鼓

图6-35 青铜钺

**2. 戈**

戈（见图6-36），是中国古代的一种具有击刺、勾斫等多种功能的木柄曲头兵器，盛行于中国商朝至战国时期，后一度成为仪仗兵器。

其构造一般为平头、横刃前锋、垂直装柄，端首处有横向伸出的短刃，刃锋向内，可横击，又可用于勾杀，外刃可以推杵，而前锋用来啄击对方。

图6-36 青铜戈

**3. 矛**

矛（见图6-37），是用来刺杀敌人的进攻性武器，是战争中的常用兵器。长柄，有刃，用以刺敌。始于周代，或周代以前，来历亦甚悠久，唯当时战术未精，各种兵刃使用之法，亦极简单，非若后来之武术，以繁取胜，以多矜奇也。矛的使用方法大多是用双手握柄，以直刺或戳为主。

**4. 戟**

戟（见图6-38），是戈和矛的合体，也就是在戈的头部再装矛尖，具有勾斫和刺击双重功能的格斗兵器，戟的出现推动了战国时期的到来，它既是兵器也是仪仗器。

**5. 铍**

铍（pī，见图6-39）为有柄长兵器，属刺杀兵器，是步兵使用的兵器，锋刃部分似剑，有双边刃，形近矛。后端为扁形或矩形的茎，用以装柄。茎的近端处开有圆孔，以便穿钉固定。茎后有带铜镡的木柄痕迹。铍与矛的区别主要是装柄方法不同：矛是将柄纳入矛筒中，而铍是铍茎插入木柄中，外用绳等捆绑，属于矛的一种变形兵器，多为中下级军官使用。

图6-37 青铜矛　　　　图6-38 青铜戟　　　　图6-39 青铜铍

### （六）礼器

西周奴隶主，制定出整套礼制，规定了森严的等级差别，以维护奴隶制统治秩序。由于礼制的加强，一些用于祭祀和宴饮的器物，被赋予特殊的意义，成为礼制的体现，这就是所谓"藏礼于器"，这类器物叫作"礼器"，或称"彝器"。例如鼎原来是炊器，后来成为礼器中最重要的器种之一。按照礼制组合成的所谓"列鼎"，何休注《公羊传·桓公二年》："天子九鼎，诸侯七，大夫五，元士三"，是奴隶主统治权威的象征。礼器的这种功能，在奴隶制繁盛时期最显著。随着奴隶制度的衰微，"礼崩乐坏"，青铜礼器逐渐失去了这种作用。

按用途归分类，可以分为以下几种：

酒醴之盛：觚、爵、卣、罍、斝、觯；

沐水之盛：匜、盘、鉴；

牺牲之盛：鼎、鬲、甗；

黍稷之盛：簋；

仪仗器：斧、戚、戈、矛、钺；

乐器：钟、镛（大钟）、铎、铃、铙。

### （七）青铜工具

青铜工具包括以下几类：

（1）农具：主要有耒、铲、锸、锄、镢、镰等。

（2）生产工具：主要有斧、锛、斤、凿、锯等。

（3）生活用具：主要有灯具、带钩、镜、洗、樽、燎炉、炭箕、熨斗等。其中青铜灯最具收藏价值，分为行灯、座灯和吊灯三大类。

（4）车马器：主要有辖、车、轴饰、毂饰、辕首饰、衡饰、銮铃、衔、镳、轭饰、当卢、马冠等。

（5）度量衡器：主要有尺、量、衡权等。

## 四、青铜器赏析

### （一）青铜神树

四川广汉三星堆遗址出土的8件夏代晚期树形青铜器。

其中这棵一号大神树（见图6-40）高达3.96米，树干残高3.84米。有3层枝叶，3根上翘树枝的花果上都站立着一只鸟，这样的太阳神鸟共有9只。神树的下面悬着一条龙，龙头朝下，龙尾在上，栩栩如生。

### （二）妇好鸮尊

商代的妇好鸮尊（图6-41），现藏于中国国家博物馆，此器以鸮为主体造型，纹饰丰富多样，主次分明，层次清楚，具有很强的观赏性。

图6-40　三星堆青铜神树

图6-41　妇好鸮尊

尊为古代盛酒器，最早见于商代。鸮，俗称猫头鹰。在古代，鸮是人们最喜爱和崇拜的神鸟。鸮的形象是古代艺术品经常采用的原型。商代的玉器、石器、陶器、青铜器中，都有精美的鸮形。此鸮尊即是商代鸟兽形青铜器中的精品。

鸮尊1976年出土于河南安阳殷墟妇好墓，原器为一对两只，铸于商代后期。原器通高45.9厘米，外形从整体上看，为一昂首挺胸的猫头鹰。通体饰以纹饰，富丽精细。喙、胸部纹饰为蝉纹；鸮颈两侧为夔纹；翅两边各饰以蛇纹；尾上部有一展翅欲飞的鸮鸟，整个尊是平面的立体的完美结合。尊口内侧有铭文"妇好"二字。

"妇好"应是商王武丁之妻。据殷墟甲骨文记载，妇好是一位能干、有魄力的女子。生前，她曾参与国家大事，主持祭祀，还带兵征伐过羌、土方等国家，颇具传奇色彩。

### （三）何尊

何尊（见图6-42）是西周早期的一件青铜酒器，周成王五年（前1111年）为贵族"何"所作，是西周初年（前1046年）第一件有纪年的青铜器。何尊1963年出土于陕西省宝鸡县贾村镇（今陕西省宝鸡市陈仓区）。其造型庄严厚重，纹饰精美，尊内底铸有12行122字铭文，其中"宅兹中国"（大意为我要住在天下的中央地区）为"中国"一词最早的文字记载。

何尊简介

### （四）四羊方尊

四羊方尊（见图6-43）是商朝晚期青铜器，属于礼器，祭祀用品，是中国现存商代青铜器中最大的方尊，高58.3厘米，重近34.5千克，1938年出土于湖南宁乡县（今宁乡市）黄村月山铺转耳仑的山腰上。现藏于中国国家博物馆。

《四羊方尊》

图6-42 何尊

图6-43 四羊方尊

### （五）散氏盘

散氏盘，又称矢人盘，西周晚期青铜器，因其铭文中有"散氏"字样而得名。清乾隆年间出土于陕西凤翔（今陕西省宝鸡市凤翔区），现藏于台北故宫博物院。盘高20.6厘米，腹深9.8厘米，口径54.6厘米，底径41.4厘米。散氏盘及其铭文如图6-44所示。

圆形，浅腹，双附耳，高圈足。腹饰夔纹，间以兽首三，圈足饰兽面纹。内底铸有铭文19行357字。记述的是矢人付给散氏田地之事，是研究西周土地制度的重要史料。

散国位于陕西宝鸡凤翔一带，西北方与矢国为邻。青铜器断代上一般将散氏盘定为周厉王时期器物。

图 6-44　散氏盘及其铭文

散氏盘的铭文作为西周晚期文字，在结构上呈现出蝶扁的风格特征。在方正中含有圆意，就其单字而言无一不打破对称、平正的惯例，不仅呈横向的欹侧之势，而且变通常的右高左低为左高右低，字势向右下倾斜。然姿态自然，变幻莫测，字间呼应，随势生发，字形开张，妙趣横生。在朴茂厚重之中，又添加些雄强的意蕴，故而显得博大、宽厚，让人感到一种生气的存在。同时，字的重心都忽左忽右，使每一行的字产生明显的跳跃感。加之其章法错落有致，使字与字之间、行与行之间都通过变幻多端的下俯、上仰、左顾、右盼联合起来，使人感到行止裕如，气象飘逸。

## 第二节　陶　瓷　美

### 一、陶器、瓷器的发展历史

中国人盘泥烧器的历史十分悠久。早在距今 1 万年以前，今江西省万年境内的仙人洞人就用陶土烧出了陶罐，用来改善生活条件，美化生活。

陶器、瓷器的发展历史

### 二、瓷器和陶器的区别

陶器一般是以黏土作为原材料，烧制温度一般在 800~1 100 摄氏度，有的陶器需在 800 摄氏度以下的环境下才能烧制而成，陶器整体的质地相对粗糙，颜色比较暗淡。而瓷器一般以高岭土为原材料，烧制温度一般在 1 200 摄氏度以上，质地坚实细密。

原料不同是陶器和瓷器的主要区别之一，陶器的原料比较普遍，一般的黏土都可以作为陶器的原材料，在烧制温度控制在一定范围内的情况下，就可以烧制出陶器。而瓷器的原材料一般为高岭土，而高岭土的取材具有一定局限性。

陶器和瓷器的区别还在于质地不同，陶器的做工相对简单，因此质地会比较粗糙、颜色比较暗淡，并且会带有杂色。而瓷器的烧制温度高，质地坚实细密，用刀很难划出痕迹，敲击时会发出清脆的声音。

## 三、瓷器的分类

在日常生活中，我们接触最多的一类器皿是瓷器。瓷器分为两大类：一类是素瓷，另一类是彩瓷。总的来看，瓷器之美主要表现在三个方面：一是釉色美，二是造型美，三是塑饰与图案美。

素瓷是指没有上釉的自然瓷质的瓷器，以及虽然上釉，但釉上釉下都不加任何色彩，也不绘制有色图案花纹的瓷器。瓷器从商代产生以后，一直到明代，在长达几千年的时间里，素瓷一直是瓷器的主流。即使到今天，在彩瓷十分繁荣的情况下，素瓷也备受人们的喜爱。素瓷之美，主要表现在两个方面：一是釉色之美，二是造型和塑饰之美。

彩瓷是与素瓷相对而言，具体指加有彩绘的瓷器。其主要品种有青花、釉里红、斗彩、粉彩、五彩等。不同种类的彩瓷，视觉美感互有差异。

### （一）青花

青花瓷是白底蓝花瓷器的专称。元青花龙纹梅瓶如图6-45所示。典型的青花瓷器是用钴料在素坯上描绘纹饰，然后施透明釉，在高温中一次烧成。蓝花在釉下，因此属釉下彩。青花瓷的特点是明快、清新、雅致、大方，装饰性强，永不掉色。

### （二）釉里红

釉里红又名釉下红，釉里红瓷瓶如图6-46所示。它是以氧化铜作着色剂，在胎上绘画纹饰后，罩施透明釉，然后在高温下烧制。因红色花纹在釉下，故称釉里红瓷。釉里红可单独装饰，也可与青花料结合使用，叫青花釉里红。釉里红瓷的特点是稳重、敦厚、艳丽、朴实，烧成后的颜色沉着、热情，因而深受人们喜爱。

图6-45　元青花龙纹梅瓶

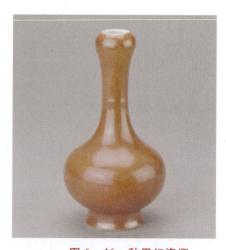

图6-46　釉里红瓷瓶

## （三）斗彩

斗彩是一种以釉下青花、釉里红和釉上多种彩结合而成的品种。斗彩瓷瓶如图6-47所示。斗彩创烧于明成化时期，是釉下彩（青花）与釉上彩相结合的一种新品种。斗彩的特点是对比鲜明，既素雅又富丽。这种彩饰具有丰富的表现力和较强的审美性。

## （四）粉彩

粉彩也叫"软彩"，是釉上彩的一个品种。粉彩瓷瓶如图6-48所示。所谓釉上彩，就是在烧好的素器釉面上进行彩绘，再入烤花炉经600~800摄氏度的温度烘烤而成。因为粉彩是以白底为基础，在白底上着玻璃白，然后再彩绘让其自然粉化，因而，粉彩具有清新、淡雅、秀丽的特点。凡绘画中所能表现的一切，无论工笔或写意，用粉彩几乎都能表现。

图6-47 斗彩瓷瓶

图6-48 粉彩瓷瓶

## （五）五彩

五彩是瓷器釉上彩的一种，是指分布在瓷器釉面上多种颜色的色彩，而"五彩瓷"并不一定指瓷器釉面上只有五种颜色，多于或少于五种色彩的陶瓷，在习惯上也同样称为五彩瓷。五彩所描绘的对象甚多，常见的有人物、山水、龙凤、鸳鸯、松柏、灵芝、花草等。五彩的特点是色彩丰富，鲜艳明丽。

除了以上讲到的几类器皿外，日常生活中我们经常见到的器皿还有金银器、竹木器和玻璃器等。由于材质和制作工艺的不同，各种器物给人的美感互有差异，这恰好使人们能够感受到美的丰富多彩。

## 四、瓷器的艺术美

### （一）瓷器的造型美

瓷器除了有造价低、产量大、耐腐蚀、使用时间长等优点外，还有造型优美，给人带来美感和艺术上的享受等优点。

### （二）瓷器胎装饰的美

凡是在瓷胎上刻、划、剔、印、贴、雕和镂空的装饰，都叫胎装饰。从商、周的原始瓷器一出现，瓷器的胎装饰就随之产生，这是借鉴了制陶工艺中的拍印纹，并广泛用于原始瓷上。常见的有云雷纹、叶脉纹、人字纹、方格纹、弦纹、席纹、锯齿纹、几何纹等，有些纹饰还延续到以后各代。

### （三）瓷器釉装饰的美

我国早期瓷器以青釉为主，到唐代的越窑烧成了类玉、类冰的青釉瓷，著名诗人陆龟蒙曾赞曰："九秋风露越窑开，夺得千峰翠色来。"晚唐五代又烧出了秘色瓷。

在宋代，我国的青釉瓷有了进一步的发展和提高，钧窑烧出了美妙的窑变釉，呈乳浊状，自然天成。除了天青、月白釉外，还烧出了玫瑰紫、海棠红。特别是紫红窑变的斑纹交相辉映，美若彩霞，色彩绚丽，斑驳古雅，颜色和流纹的万千变化，构成了钧窑瓷器特殊的艺术效果。宋代的汝窑、官窑、哥窑都是以美丽的釉色取胜。汝窑是雨过天晴色，通体施釉，釉汁莹厚，釉内棕眼显露了"蟹爪纹"和"鱼子纹"。官窑、哥窑瓷釉质晶莹透彻，以釉中的深浅线分割出别具特色的碎纹釉，俗称"金丝铁线"。官窑多粉青、灰青釉，并有"紫口铁足"的特征。哥窑的釉色多呈米黄色和蟹甲青色。这种碎纹釉本是烧窑中的一种缺陷，但制瓷工匠在烧窑实践中找出规律，创造出了这种精美的釉装饰品种。

到清康熙、雍正、乾隆时，我国单色釉的发展达到了历史最高峰。红釉有郎窑红、豇豆红、雾红、胭脂红、珊瑚红等，绿釉有苹果绿、湖水绿，黄釉有鳝鱼黄、蜜蜡黄、蛋黄，蓝釉有霁蓝、天蓝、洒蓝，紫釉有葡萄紫、玫瑰紫等。这么丰富的单色釉品种，结合玉壶春瓶、梅瓶、观音尊、石榴尊、苹果尊、柳叶瓶等优美的造型，满足了人们对瓷器美的追求与想象。

### （四）瓷器彩装饰的美

中国瓷器有彩的历史可提早到三国吴，这时已有了青瓷釉下彩。西晋晚期出现的褐色点彩在东晋时普遍使用。到唐代，彩绘瓷进一步发展，最著名的是长沙窑的釉下彩，主要是褐、绿、蓝彩。装饰图案比较丰富，有人物、动物、花鸟、山水等。构图简洁，用笔随意，然而却形神兼备，意趣横生，表现了民间瓷画工匠的高超技能。

宋代出现了以磁州窑为代表的白釉黑花、黑釉白花。白釉酱花、白釉红绿彩等青花是我国最著名的釉下彩瓷，创烧于唐代，宋代也有生产。到了元代，江西景德镇烧制了许多富有民族特色的青花釉下彩瓷，这标志着我国青花时代的到来。明代青花瓷进一步发展,数量、品种、纹饰都大大增加。清康熙的青花,更是层次分明,青翠明快,令人赏心悦目,用一种色料就可把景物的阴阳向背、疏密远近表现得淋漓尽致,从而使画面富有立体感。可以说,青花的装饰艺术已达到炉火纯青的地步。

## 五、瓷器赏析

### (一) 北朝青瓷莲花尊

青瓷莲花尊(见图6-49),北朝时期作品,器高63厘米,口径19.4厘米,现藏于中国国家博物馆。

莲花尊在南北朝时期烧制较多,器形高大宏伟。此装饰有多层仰莲纹和团花装饰,并采用堆塑、镶贴、雕刻等多种装饰技法。莲花尊的成功烧制,表明南北朝时制瓷工艺已有相当高的水平。

### (二) 唐代青釉凤首龙柄壶

青釉凤首龙柄壶(见图6-50)为唐代瓷器,出土于河南汲县(今卫辉市),现收藏于故宫博物院。

图6-49 青瓷莲花尊

图6-50 青釉凤首龙柄壶

青釉凤首龙柄壶通高41.3厘米,口径19.3厘米,足径10.2厘米,器形设计巧妙,壶盖与壶口闭合形成凤首,从装饰花纹看颇具异域特点,当为唐代中外文化交流的一个例证。

通体青釉,盘口形、细颈,斜溜肩,腹部自上而下逐渐圆鼓,下腹缓收,圈足呈喇叭形。壶盖与壶口吻合成凤头状,使得壶整体颇似一只挺立的凤鸟。壶柄塑成一直立的蟠龙,龙口衔住口沿,做窥视探饮状,前肢撑于壶肩部,后肢立于喇叭形底座上。壶体以塑贴和刻划技法装饰。腹部塑贴主体纹饰两层,上为6个联珠纹圆形开光,内有手舞足蹈的力士;下为宝相花6朵。

口沿、颈、肩及颈部饰以联珠纹、莲瓣、卷叶或垂叶纹。各组纹饰间以弦纹相隔。此壶胎体厚重,釉层凝厚,玻璃质感强,带有北朝以来北方青瓷的遗风。其装饰纹样繁复,结构严谨,层次清晰。

### (三) 唐代邢窑白瓷莲瓣座灯台

邢窑白瓷莲瓣座灯台(见图6-51),唐代作品,高30.4厘米、口径6.5厘米,出土于河南省陕县(今陕州市)刘家渠,现藏于中国国家博物馆。

灯台由灯盘、台柱和承座组成,设计十分精巧,美观又实用,是唐代邢窑的代表作。灯盘呈杯形,中心的圆筒插放蜡烛,烛泪流于杯盘后还可回收。用于执握的台柱细长挺拔,有多圈的瓦棱旋纹,既可打破柱子的单调,执握时也不易滑动,器座凸雕莲瓣纹。整个灯台造型端庄匀称,胎质细密坚硬,釉色白润、匀净素雅,是唐代邢窑白瓷的经典作品。

图6-51 邢窑白瓷莲瓣座灯台

### (四) 宋代钧窑月白釉出戟尊

钧窑月白釉出戟尊(见图6-52),高32.6厘米,口径26厘米,足径22厘米,现藏于故宫博物院。

尊的造型仿古代青铜器式样,喇叭形口,扁鼓形腹,圈足外撇。颈、腹、足之四面均塑贴条形方棱,俗称"出戟"。通体施月白色釉,釉内气泡密集,釉面有棕眼。器身边棱处因高温烧成时釉层熔融垂流,致使釉层变薄,映现出胎骨呈黄褐色。圈足内壁刻划数目字"三"。

此尊风格古朴、庄重,为宋代宫廷使用的典型陈设用瓷。传世钧窑器物的底部多刻有"一"到"十"不同的数目字,其意义历来有不同的解释。据现存实物证明,器底所刻数字越小,器形越大。在宋代钧窑瓷器的传世品中,以各式花盆和花盆托最为多见,出戟尊则较少,全世界所见仅约10件。除此件以外,还有上海博物馆收藏的宋代钧窑月白釉出戟尊、台北故宫博物院收藏的宋代钧窑丁香紫釉出戟尊等。

图6-52 钧窑月白釉出戟尊

## （五）宋代耀州窑青釉提梁倒灌壶

耀州窑青釉提梁倒灌壶（见图 6-53），宋代作品，器高 18.3 厘米，腹径 14.3 厘米，腹深 12 厘米，1968 年出土于陕西省西安市，现藏于陕西历史博物馆。

此壶设计巧妙，壶盖与壶体相连，提梁为一凤凰，流为一对母子狮，造型生动，颇有情趣。器底有五瓣梅花孔，灌水时将壶倒置，水从母狮口外流时即表明壶中已盛满水，因壶内有漏柱与水相隔，当壶放正时，水也不会流出。这件提梁倒灌壶构思奇特，装饰精美，是耀州窑瓷器中难得的珍品。

图 6-53　耀州窑青釉提梁倒灌壶

## （六）明代永乐青花海水江崖纹三足炉

永乐青花海水江崖纹三足炉（见图 6-54），出自大名鼎鼎的景德镇御窑厂，是当年永乐皇帝朱棣迁都北京时作为祭祀用的国之重器。这件瓷器的"青花海水江崖纹"也叫"寿山福海纹"，上面的图案有波涛汹涌的海浪，它卷起朵朵巨大的浪花，冲向中间的山石，而山石立于汹涌的波涛之中，稳固如初，丝毫没被撼动。

因此其寓意便是象征江山永固，再加上这件青花瓷的造型呈三足鼎式，定鼎天下，这更是传统中象征帝王权力的造型了。这件瓷器中所寄寓的期盼江山安定的意味也就很明显了。

## （七）清代各种釉彩大瓶

这件各种釉彩大瓶（见图 6-55）被称为"瓷母"，上面集结了历朝历代最名贵的釉彩，一共 17 种。准确地说，它应该叫清乾隆青花五彩斗彩金彩珐琅彩红釉粉青釉霁蓝釉松石绿釉窑变釉仿官釉仿哥釉仿汝釉酱色釉三阳开泰博古九鼎吉庆有余丹凤朝阳太平有象仙山琼阁蟠螭纹蝙蝠纹花卉纹如意纹万字纹灵芝纹螭耳大瓶。

各种釉彩大瓶简介

图 6-54　永乐青花海水江崖纹三足炉

图 6-55　各种釉彩大瓶

# 第三节 玉器美

玉器，是指用玉石雕刻成的器物。通常被称为玉的矿物主要为硬玉（也称翡翠，主要成分为钠铝硅酸）和软玉（透闪石、阳起石一类，因化学成分的不同而呈现各种颜色，种类较多，但主要成分均为钙镁硅酸盐）。广义上的玉也包括蛇纹石、青金石、玛瑙、珊瑚、大理石及其他意义上的宝石。

在世界古老的艺术品中，中国的玉雕艺术可以算是一朵绚丽的奇葩了。《说文解字》中释玉为"玉，石之美者，有五德，润泽以温，仁之方也；鰓理自外，可以知中，义之方也；其声舒扬，专以远闻，智之方也；不挠而折，勇之方也；锐廉而不忮，洁之方也。"玉，具有温润、坚硬、色泽美观的特质，自古以来为中国人所喜爱。随着社会发展及意识形态的演进，人们认为玉是代表君子高尚道德和精神内蕴的圣品，玉器在功能上也就逐渐脱离生产实用，转变成具有装饰意义和充满神秘力量的特殊精神载体和财富、品德以及某些上层人物权力的象征。

## 一、玉石之美

### （一）玉石材质之美

#### 1. 蓝田玉

李商隐有诗曰："沧海月明珠有泪，蓝田日暖玉生烟。"

蓝田玉的名称初见于《汉书·地理志》，美玉产自"京北（今陕西省西安市北）蓝田山"。其后，《后汉书·外戚传》《西京赋》《广雅》《水经注》和《元和郡县图志》等古书，都有蓝田产玉的记载。至明万历年间，宋应星在《天工开物》中称："所谓蓝田，即葱岭（昆仑山）出玉之别名，而后也误以为西安之蓝田也。"从此引起后世人的纷争，有的说蓝田根本不产玉，有的说即使产玉可能是菜玉（色绿似菜叶的玉石）。

玉石材质之美

#### 2. 南阳玉

南阳玉因产自河南省南阳而得名，又因矿区在南阳的独山，故又称"独山玉"。南阳玉色泽鲜艳，质地比较细腻，光泽好，硬度高，可同翡翠媲美。德国人曾称其为"南阳翡翠"，苏联地质学家基也夫林科曾把南阳玉归属于翡翠类型的玉石矿床。

#### 3. 黄龙玉

黄龙玉最初人称黄蜡石。在当地人看来，它有着田黄般的颜色、翡翠的硬度，与和田玉等软玉相比，硬度更好、透度更高、色彩更鲜艳丰富。由于其产在龙陵，又以黄色为主色，故最终得名为黄龙玉。

**4．玛瑙**

玛瑙由于纹带美丽，自古就被人们使用。在出土的玉器中，常见成串的玛瑙珠，以项饰为多。汉代以前的史书，玛瑙亦称"琼玉"或"赤玉"。

**5．青金石**

青金石玉料是由青金石矿物组成，常含方解石、黄铁矿，有时出现少量透辉石等。阿富汗产的青金石玉料，其青金石矿物平均含量占 25%～40%。玉质呈独特的蓝色、深蓝、淡蓝及群青色。不透明，玻璃至油脂光泽。硬度 5.5，比重 2.7～2.9。色深蓝和浓而不黑者，称"青金"；深蓝和黄铁矿含量多于青金石矿物时，称"金格浪"；浅蓝色和含白色方解石（一般不含黄铁矿）者，称"催生石"（此名源于古人用青金石做催生药之说）。

**6．绿松石**

绿松石是由细小的绿松石矿物为主组成的隐晶质致密块体，是铜和铝的磷酸盐矿物集合体，通常产于次生浅层矿床中。多呈天蓝色、暗蓝色、蓝绿色和绿色，风化强烈的呈绿白色。具有柔和的蜡状光泽。硬度 6，比重 2.6～2.8，平均折光率 1.61～1.63。

## （二）玉器的纹饰之美

玉器上的纹饰丰富多样，具有明显的时代特征。

折线纹：阴刻直线，顶端折回，主要作为动物身上的装饰。

重环纹：以两条阴线琢出环纹，饰于龙及其他动物之身。

对角方格纹：以双阴线琢刻方格，相邻两个对角线相连，等距连续排列，主要饰于龙及其他动物之身。

双连弦纹：以单阴线琢刻的人字形连弧短线，饰于龙身及首角上。

三角纹：以阴线琢刻出三角，多见于龙身、玉璜及器物柄部。

兽角纹：主要是龙角、牛角和羊角三种。

臣字眼：似古文"臣"字，故名。饰于鸟兽之眼，动物装饰中常见。

蘑菇形角：先秦玉器的龙纹，龙角顶端有一圆球状装饰，似未开的蘑菇，故名。

兽面纹：玉器上的兽面纹有龙、牛、羊等，也有未知的动物、纹饰多采用阴刻线或挤压法琢出的直线及折线构成。

螭纹：螭是传说中的一种没有角的龙，卷尾，盘屈。螭纹流行于春秋战国的玉器上，至宋代头部结构变化，嘴部较方、细长，眼较大，细身，肥臀，明清仍见有。

龙纹：龙纹是历代玉器的主要纹饰之一，最早见于红山文化。一般为蛇身，或素身，或饰有鳞纹，有的有足，有的无足。

鸟纹：一般羽毛多为阴刻细长线，鸟尾有孔雀尾或卷草式，眼部表现有臣子形、三角眼及丹凤眼等。

云纹：玉器上的云纹形式很多，有单岐云，由云头、云尾两部分组成；有双歧云，云头部分分叉；有三岐云，云头部分分为三朵小卷云；还有灵芝云等。

谷纹：为圆形凸起的小谷粒，有的呈螺旋状，是历代玉器的主要辅纹之一。

## 二、玉石器赏析

### （一）新石器时期良渚文化玉琮

琮是一种内圆外方的筒形玉器，为我国古代用于祭祀神祇的重要礼器之一。最早的玉琮见于安徽潜山薛家岗第三期文化，距今约5 100年的新石器中晚期。

其中造型最大、制作最精、纹饰最美的玉琮，有"玉琮王"之称的是出自浙江省博物馆的一个良渚文化玉琮（见图6-56）。此玉琮通高8.9厘米、上射径17.1～17.6厘米、下射径16.5～17.5厘米、孔外径5厘米、孔内径3.8厘米。

良渚文化玉琮简介

图6-56 良渚文化玉琮

### （二）西汉皇后之玺

西汉皇后之玺（见图6-57），现藏于陕西历史博物馆，是汉代皇后玉玺的唯一实物资料，对研究秦汉帝后玺印有着十分重要的价值，列入《第三批禁止出国（境）展览文物目录》。

图6-57 西汉皇后之玺

西汉皇后之玺简介

## （三）西汉角形玉杯

西汉角形玉杯（见图6-58），1983出土于广州市南越王墓，现藏于广州南越王博物院，在玉器史上占有绝对重要的地位，被列入《首批禁止出国（境）展览文物目录》。

图6-58　西汉角形玉杯

由西汉角形玉杯在经历2 000年仍散发出温和恬润的光泽，可以看出南越国中已有了技艺高超的雕玉工匠，充分显示了汉代的琢玉工艺水平。

西汉角形玉杯，是一件构思奇巧的西汉玉雕珍品。它琢磨工艺巧妙精湛，南越国的玉匠借题发挥，就着石头的形状施刀，综合运用玉雕的各种工艺方法，在器身上巧妙布局各层纹饰，再经过细致的打磨，2 000年后玉角杯仍散发出温和恬润的光泽。浮雕棱角分明，纹样的线条雕刻流畅，杯壁厚薄均匀，除杯内底部略有管钻痕迹外，整个杯体表里琢磨得光滑似釉。

西汉角形玉杯造型独特，古人认为用犀牛角制作的酒杯可以解毒，用玉制成的容器饮酒，酒会变得更加醇美。虽然玉本身并不能解毒，但工匠仍借鉴这一题材琢玉而成，是希望能给他的主人带来好运。

## （四）唐代兽首玛瑙杯

唐兽首玛瑙杯（见图6-59），又称为镶金兽首玛瑙杯、兽首玛瑙杯，是于1970年10月在陕西省西安市南郊何家村出土的唐代玉器，现藏于陕西历史博物馆，被列入《首批禁止出国（境）展览文物目录》。

唐兽首玛瑙杯简介

其高6.5厘米，长15.6厘米，口径5.9厘米，杯体为角状兽首形，兽双角为杯柄，嘴部镶金帽，眼、耳、鼻皆刻画细微精确。这件酒杯材料罕见珍贵，是极其稀有的缠丝玛瑙，材质纹理细腻，层次分明，是至今所见唐代唯一的一件俏色玉雕，其选材、设计和工艺都极其完美,是唐代玉器做工最精湛的一件。

### (五) 清代翠玉白菜

翠玉白菜(见图 6-60)是由翠玉琢碾出白菜形状的玉器,中国十大国宝级玉器之一。

《翠玉白菜》简介

图 6-59 唐兽首玛瑙杯

图 6-60 翠玉白菜

翠玉白菜的原料来自缅甸,翠色晶润淡雅,通透无瑕。由于原料的珍贵,且琢磨玉料成为器物相当费工、费时,顺应玉料自然天成的外形或色泽,设计玉器形制,其创意构思之巧妙,令人叹为观止。台北故宫博物院文物 65 万件,知名度最高的是"翠玉白菜"。这件与真实白菜相似度几乎为百分之百的作品,是由翠玉琢碾而成,亲切的题材、洁白的菜身与翠绿的叶子,都让人感觉十分熟悉而亲近,别忘了看看菜叶上停留的两只昆虫,它们可是寓意多子多孙的螽斯和蝗虫。此件作品原置于紫禁城的永和宫。永和宫为光绪皇帝妃子瑾妃的寝宫,因此有人推测此器为瑾妃的嫁妆,象征其清白,并祈求多子多孙。

据《爱月轩笔记》记载,慈禧太后陪葬品中有一棵大型翡翠白菜,绿叶白心,菜梗上还刻着一只振翅的蝈蝈,另外还有两只红白相间的马蜂,但 1928 年爆发了震惊国际的慈禧陵寝盗墓案,该年 7 月孙殿英率部众荷枪实弹进入清东陵,用炸药炸开了乾隆皇帝和慈禧太后的陵寝,并将陪葬宝物洗劫一空,这棵举世绝品的翠玉白菜也不知去向。

# 第 7 章

# 凝固的音乐——建筑之美

## 第一节 建筑的语言

### 一、形式语言

建筑的形式语言主要包括建筑的形体（点、线、面、符号、造型、体量和结构形式等组成要素）、色彩和材料以及三者之间的相互关系，主要通过审美主体的视觉直观感受来传达。当建筑的形式语言符合多样统一这一形式美规律的时候，便可唤起审美主体的愉悦感，从而传递建筑的形式美。

### 二、空间语言

建筑区别于其他艺术的特点之一就是实用性。建筑通过提供不同功能的空间以满足人们物质、生理和心理的需要。空间的实质是虚空与实体的对立统一。由于建筑很少由单一空间单元构成，因此建筑的空间语言包括各单一空间以及各单一空间之间的相互关系，具有片段性和运动性，审美主体在某一时间段往往只能感受到空间的局部，要通过穿行其中去感受其整体特征。

### 三、环境语言

建筑并不是一个孤立存在的个体，而是依附于周边环境而存在。这里的环境不仅指自然环境，还包括人文环境。建筑的环境语言指的是建筑与其周边环境之间的关系。当建筑与周边环境和谐融洽时，两者便会形成一个高度融合的有机整体，共同向审美主体传递一种和谐之美和意境之美。

## 第二节　建筑美欣赏方法

### 一、形式美

#### （一）简单与组合

　　古代一些美学家认为圆形、球形、正方形和正三角形等简单的几何形状往往可以给人带来美感。近代建筑大师勒·柯布西耶也曾说：“原始的体形是美的体形，因为它能使我们清晰地辨认。"中国天坛、埃及金字塔和罗马万神殿等中外古代知名建筑，以及勒·柯布西耶设计的萨伏伊别墅、理查德·迈耶设计的史密斯住宅和贝聿铭设计的美国国家美术馆东馆等知名近现代建筑都是通过直接采用简单的几何形状或者运用简单的几何形状进行合理构图以获得极大的美感，从而可以证实以上美学观点。

#### （二）主要与次要

　　各种艺术创作形式都有其各自的主题与副题，主角与配角，建筑艺术也不例外。将建筑看成一个有机统一的整体，组成建筑的各个部分需要有主次关系，而不能不加区别地一律对待。有的组成部分是建筑的主要、重点和核心要素，有的组成部分则是建筑的次要、一般和外围要素。如果将各个组成部分同等对待，即使排列有序，也会因为单调乏味而失去美感。

#### （三）均衡与稳定

　　自古以来，人类在对抗重力的实践中逐渐意识到一切物体要想保持均衡与稳定就需要符合一定的规律，如像山的形状一样上小下大，像人的形体一样左右对称。同时人们在建筑实践活动中发现凡是符合这样规律的建筑在安全的同时还会让人感受到愉悦，反之则不仅不安全还会让人感觉到不舒服。由此，人们逐渐形成了一套与重力有关联的审美观念，即均衡与稳定。

#### （四）对比与微差

　　对比指的是要素之间的显著差异，微差则是要素之间的细微差别。对比和微差只产生于同一性质的差异之间，如大小、长短、曲直、质感和色彩等。对比可以通过突出要素之间的特点从而强调变化，微差则通过突出要素之间的共同性而强调和谐。失去了对比则会让建筑显得单调，一味强调对比又会显得凌乱，因此只有将对比与微差巧妙结合，才能实现多样统一，从而让建筑的形式美感得以体现。

#### （五）韵律与节奏

　　人们发现自然界中的许多事物或现象，因其有规律地重复或者有次序地变化从而让人产生美感，如将石子投入水中所产生的波纹。人们对这些事物或现象加以模仿和运用，从而创造出韵律美这一美的形式。韵律美按其形式特点可以分为连续韵律、渐变韵律、起伏韵律和交错韵律等。韵律本用于表明音乐和诗歌中音调的起伏与节奏感。但人们发现优美的建筑中也处处可以体现韵律美，正因为如此，人们经常把建筑比作凝固的音乐。

### （六）比例与尺度

任何物体，不论呈现何种形状，都存在长、宽、高三个方向的度量，比例即这三个方向度量之间的关系。和谐的比例能够引起人的美感。如毕达哥拉斯学派就曾提出著名的"黄金分割"比例。当然，形成良好的比例涉及的因素极其复杂，企图找到一个适合任何地方的绝对完美比例是不可能的。与比例相联系的另一个范畴是尺度。尺度主要研究建筑整体或局部的真实大小与人的感知大小之间的关系。两者一致则意味建筑形象正确反映了建筑真实大小，反之则意味着应有的尺度感丢失。

## 二、意境美

凡艺术均可由具象载体升华到抽象理念，建筑艺术也不例外。除了以视觉认知为基础的形式美之外，建筑美学的另一重要组成部分即建筑的意境美。意境原是一个产生于中国文化的美学概念，指的是文学艺术作品通过形象描写表现出来的境界和情调，是丰富的内容与美的形式的高度统一。建筑意境取决于建筑师通过建筑语言在客体上所表达的精神境界，反映了建筑师的思想与情感，同时还取决于主体对客体的认知与感悟水平，与主体的文化底蕴、哲学观和审美观等紧密相关。如北京天坛祈年殿让人感受到天人合一的意境，江南园林给人以诗情画意的意境等。

# 第三节　西方经典建筑

## 一、吉萨金字塔群

古埃及的古王国时期最伟大也最有代表性的金字塔群，是位于今开罗南面的吉萨金字塔群（见图7-1），建于第四王国时期，分别由三代统治者的金字塔：胡夫金字塔（见图7-2）、哈弗拉金字塔和米克里诺斯金字塔，以及著名的狮身人面像——斯芬克斯组成。这三座金字塔都为正方锥形，其排列顺序正好与天上猎户座三颗最亮的星星排列顺序一致。三座金字塔都由淡黄色的石灰石砌成，其中体积最大的胡夫金字塔的塔尖上原来都是包金的，还刻有祈祷的文字。这种做法既装饰了金字塔，也保护了内部的石材免受风沙的侵蚀。但因为战争的关系，金字塔外面的一层石材多被剥去了，所以现如今我们看到的金字塔呈现出的表面多是凹凸不平的。胡夫金字塔是诸金字塔中最大的一座。金字塔内部由上部国王墓室、中部王后墓室与地下墓室三部分组成

（见图7-3），各部分之间由细窄的走廊相连接。墓室与走廊也是由光滑的石头砌成的，且石壁上石头之间接缝紧密，代表了当时建筑技术的最高水平。金字塔内部实景如图7-4所示。

图7-1　吉萨金字塔群

图7-2　胡夫金字塔

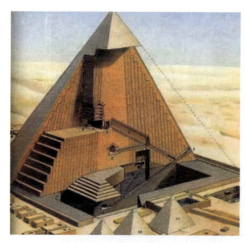

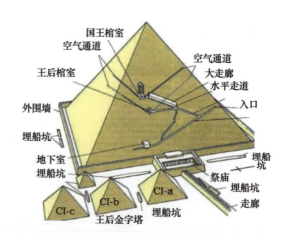

图7-3　胡夫金字塔内部结构

图7-4　金字塔内部实景

## 二、希腊帕特农神庙

帕特农神庙（见图7-5）是一座建于伯里克利时期的多立克式神庙建筑。神庙正立面采用希腊建筑中少有的8柱式面宽，侧面的柱子也增加至17根。神庙全部由大理石建成，在山花、陇间壁以及内部墙壁上，都布满以神话故事和庆典场面为题材的雕刻装饰（见图7-6、图7-7），这在古代建筑的雕刻装饰中是极其罕见的。整个神庙最精彩的是建筑中所包含的众多复杂而严谨的比例关系，以及建筑师为矫正视差所做的周密安排。例如神庙外立面的多立克柱（见图7-8）的高度相当于五个半直径，比一般的多立克式柱要修长一些，柱间距也根据视觉上的远近而有所变化。为了使神庙整体的外部线条保持水平或垂直的视觉效果，从地基到檐口的所有横向部分都向中部稍隆起，而竖向的立柱则按照所处位置而分别向内倾斜。此后历代的人们研究古希腊建筑，均以这座建筑作为研究重点，而在历代对帕特农神庙的测量当中，又几乎每次都能得到新的启示。

图7-5　帕特农神庙

图7-6　雕刻装饰

图7-7　雕刻装饰

图7-8　多立克柱

## 三、万神庙

万神庙（见图7-9）建造于公元120—124年，其正立面如图7-10所示，中央壁龛（见图7-11）里设置了圣母子的雕像，周围的墙壁和壁龛还绘制了宗教题材的壁画。万神庙的平面为圆形，其主体采用穹顶集中式结构建造而成，顶部穹顶的超大跨度也使之成为古代欧洲建筑中少有的大穹顶建筑之一，其俯瞰图如图7-12所示。万神庙在结构、建筑材料、装饰等方面都是古罗马建筑的代表，这一阶段也是西方建筑发展史上的重要阶段。在万神庙内部，大穹顶中央开设了一个没有镶玻璃的大圆洞，圆洞不仅是神庙内主要的采光和通风口,还有着丰富的寓意,象征阳光如神明一样从天而降,把光明带给人间,其穹顶如图7-13所示。穹顶遍布凹形的花纹藻井,环绕四周还设壁龛,供奉着罗马人已知的五大行星和太阳、月亮两个星体。壁龛在大穹顶与地面之间形成巧妙的过渡,使人们在感觉到神庙非凡的整体空间的同时,又不至于有孤立感。

图7-9 万神庙

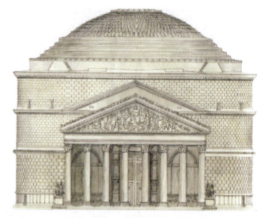

图7-10 万神庙正立面图

图7-11 壁龛

图7-12 万神庙俯瞰图

图7-13 万神庙穹顶

## 四、圣索菲亚大教堂

圣索菲亚大教堂（见图 7-14）是拜占庭式建筑的代表作，位于伊斯坦布尔（君士坦丁堡），始建于公元 325 年，后受损于叛乱。它创造了以帆拱上的穹顶为中心的复杂拱券结构平衡体系，"帆拱"结构呈倒三角形，它位于两侧墙相交的上端。三角形的尖端朝下，底边朝上做 1/4 弧形，以承接上面的圆穹窿顶，三角穹窿如图 7-15 所示。它是世界上唯一由神庙改建为教堂，并由教堂改为清真寺，最后成为博物馆的建筑。教堂主体为长方形，与大教堂外部朴素的面貌相比，教堂内部装饰要豪华和漂亮得多，其内部如图 7-16 所示。大教堂内部从地面起直到穹顶都有大理石和精美的马赛克镶嵌画装饰，其内部装饰如图 7-17 所示。各种颜色的大理石板组成变化丰富的图案，马赛克组成的十字形和各种叶饰纹出现在穹顶、柱间和墙上，顶部是大面积连续的耶稣镶嵌画像。大教堂内部到处是象牙、宝石和金银，从穹顶的窗带中透射进的阳光照射在教堂中，处处都闪耀着璀璨的光芒。

图 7-14　圣索菲亚大教堂

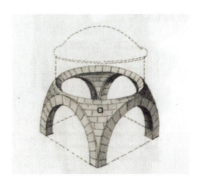

图 7-15　三角穹窿

图 7-16　教堂内部

图 7-17　教堂内部装饰

## 五、巴黎圣母院

巴黎圣母院是法国早期哥特式教堂的代表作,建造于 1163—1345 年,其外立面和局部如图 7-18、图 7-19 所示。教堂最富有特色的是巨大的玫瑰窗,这些制作于 13 世纪的彩绘玻璃窗(见图 7-20)从内部看上去更具震撼力,其内部如图 7-21 所示。巴黎圣母院的立面是十分规整的"三三式"布局,即竖向由壁柱分为左中右三部分,并以大门、玫瑰窗突出其主体地位。横向也由底部的雕刻带与上部的拱廊分为三层。圣母院最底层三个门洞都采用退缩式的尖拱形式,并有以圣经故事为题材的雕刻,其大门及雕刻装饰如图 7-22 所示。国王廊(见图 7-23)是大门底层与中层的分界,在横穿整个教堂立面的一条雕刻带上布满了一个个的小拱券,每个拱券中都雕刻着一尊国王像,共有 28 尊,代表着以色列历任的 28 位国王。圣母院西立面中层的玫瑰窗(见图 7-24)直径达 10 米,而其轮式的花窗棂则是法国早期哥特式教堂中玫瑰窗所使用的窗棂样式。

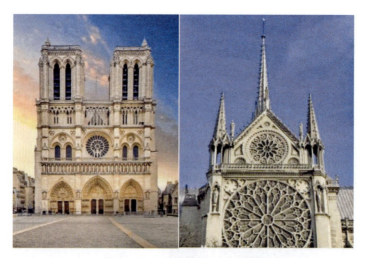

**图 7-18 巴黎圣母院外立面**

**图 7-19 巴黎圣母院(局部)**

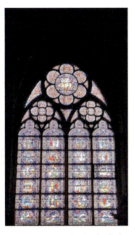
图 7-20 彩绘玻璃窗

图 7-21 巴黎圣母院内部

图 7-22 巴黎圣母院大门及雕刻装饰

图 7-23 国王廊

图 7-24 玫瑰窗

## 六、佛罗伦萨大教堂

　　佛罗伦萨大教堂（见图 7-25）是中世纪基督教国家建造的最大教堂建筑之一，穹顶（见图 7-26）底部直径达 42 米。佛罗伦萨大教堂早从 1296 年就开始建造，当巨大的穹顶与最后的修建工程结束时，已经是 140 年后。这座教堂不仅体现了新的设计、建造和技术成就，也标志着意大利文艺复兴建筑史的开始。文艺复兴建筑最明显的特征是扬弃了中世纪时期的哥特式建筑风格，而在宗教和世俗建筑上重新采用古希腊罗马时期的柱式构图要素，一方面采用古典柱式，一方面又灵活变通，大胆创新，甚至将各个地区的建筑风格同古典柱式融合一起，其外部装饰和局部装饰如图 7-27、图 7-28 所示。他们还将文艺复兴时期的许多科学技术上的成果，如力学上的成就、绘画中的透视规律、新的施工机具等，运用到建筑创作实践中去。

图 7-25 佛罗伦萨大教堂

图 7-26 教堂穹顶

图 7-27 教堂外部装饰

图 7-28 教堂局部装饰

## 七、凡尔赛宫

凡尔赛宫（见图 7-29）建于路易十四时代，为古典主义风格建筑，立面为标准的古典主义三段式处理。建筑左右对称，造型轮廓整齐、庄重雄伟，被称为是理性美的代表。其室内装饰豪华富丽，是凡尔赛宫的一大特色。内饰以巴洛克风格为主，少数厅堂为洛可可风格，其内部装饰如图 7-30 所示，内壁装饰以雕刻、巨幅油画与挂毯为主，其装饰绘画如图 7-31 所示。凡尔赛宫的镜厅（见图 7-32）举世闻名，是长 75 米、宽 10 米的筒拱顶长廊，并以大面积的镜子与华丽的装饰而闻名。镜厅的墙壁都由大理石贴面装饰，并设有金灿灿的装饰和少女烛台，而顶部再现了庆祝胜利场景的绘画，并布满整个拱顶。太阳也是常用的题材，因为太阳是路易十四的象征，还用狮子、鹰、麒麟等动物形象来装饰室内，其室内装饰如图 7-33 所示。建筑群周边的园林亦是世界著名，它与中国古典和皇家园林有着截然不同的风格。极其讲究对称和几何图形化，采用"轴线式"设计，主体景观中应用了大量水景，增加了辽阔、深远的气势，其花园如图 7-34 所示。

图7-29 凡尔赛宫

图7-30 凡尔赛宫内部装饰

图7-31 厅内装饰绘画

图7-32 镜厅

图7-33 室内装饰

图7-34 凡尔赛宫花园

## 八、流水别墅

流水别墅（见图7-35）是现代建筑代表作之一，位于美国匹兹堡市郊区的熊溪河畔，1934年由F.L.赖特设计。别墅坐落在一个小瀑布上面，由支撑在墩柱和墙上的三层钢筋混凝土的平台组成，平台在一边与竖向石墙相连接，其余部分向空中不同方向延伸，与周围的树木相接。流水别墅的横向平台采用光洁而明亮的墙面，而竖向的石墙则保持了石质的粗糙表面，再加上通透的玻璃窗与优美的环境，使之在一年四季中呈现出不同的景致，其平台与石墙如图7-36所示。建筑不仅达到了别墅的基本功用，且使自然与人为真正融为一体。别墅的室内空间自由延伸、相互穿插，内外空间互相交融、浑然一体，为有机建筑理论提供了确切的注释，其室内如图7-37所示。这座建筑以其独特的形态以及与自然环境完美的结合而成为最著名的现代主义建筑，几乎出现在每一本介绍现代主义建筑的书籍之中。

图7-35 流水别墅

图7-36 流水别墅平台与石墙

图7-37 流水别墅室内

## 第四节 中国传统建筑与园林

### 一、故宫

故宫（见图7-38），又名紫禁城，是世界上现存规模最大、保存最为完整的木质结构古建筑之一。在功能上符合封建社会的等级制度,同时达到左右均衡和形体变化的艺术效果,故宫建筑群如图7-39所示。中国建筑的屋顶形式丰富多样,在故宫建筑中,不同形式的屋顶就有10种以上。以三大殿为例,屋顶各不相同。屋顶满铺各色琉璃瓦件,主要殿座以黄色为主。绿色用于皇子居住区的建筑,其他五色缤纷的琉璃多用在花园或琉璃壁上。太和殿屋顶当中正脊的两端各有琉璃吻兽,稳重有力地吞住大脊,吻兽造型优美,是构件又是装饰物,屋顶装饰构体如图7-40所示。其装饰设计也体现了繁与简的对比:雕梁画栋(见图7-41),镂金错彩,是繁。这与殿外单色调红墙和黄色琉璃瓦屋顶形成一种繁简对比。总之,这种整体和谐统一中又富于变化的特点,正是故宫建筑精华的集中体现。故宫琉璃瓦屋顶与墙面如图7-42所示。

图7-38 故宫

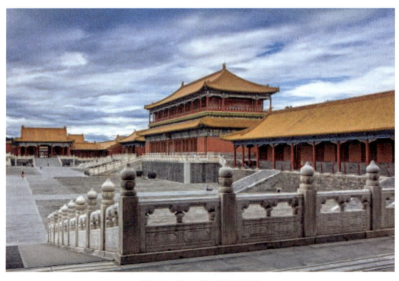

图7-39 故宫建筑群

图 7-40　屋顶装饰构件

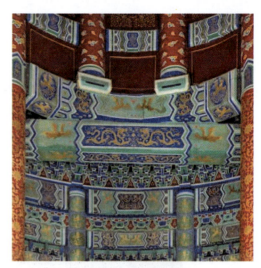
图 7-41　雕梁画栋

图 7-42　故宫琉璃瓦屋顶与墙面

## 二、天坛

　　天坛（见图 7-43）始建于明永乐十八年（1420 年），清乾隆、光绪时曾重修改建，是中国保存下来的最大祭坛建筑群。天坛以严谨的建筑布局、奇特的建筑构造和瑰丽的建筑装饰著称于世。总占地面积约 270 万平方米，分为内坛和外坛。主要建筑物在内坛，南有圜丘坛、皇穹宇，北有祈年殿、皇乾殿。外坛古柏苍郁，环绕着内坛，使主要建筑群显得更加庄严宏伟。坛内还有巧妙运用声学原理建造的回音壁、三音石、对话石等，充分显示出古代中国建筑工艺的发达水平。其主要设计思想就是要突出天空的辽阔高远，以表现"天"的至高无上。就单体建筑来说，祈年殿和皇穹宇（见图 7-44）都使用了圆形攒尖顶，也体现出一种与天接近的感觉，祈年殿顶部细节如图 7-45 所示。天坛还处处展示着中国传统文化所特有的寓意、象征的表现手法。北院南方的坛墙和圆形建筑搭配方形外墙的设计，都寓意着传统的"天圆地方"的宇宙观。天坛藻井如图 7-46 所示。

图 7-43　天坛

图 7-44　皇穹宇

图 7-45　祈年殿顶部细节

图 7-46　天坛藻井

## 三、四合院

四合院又称四合房，是中国的一种传统合院式建筑。四合院延续了中国传统建筑布局形式，一正两厢组合而成的院落，不同的空间具有不同的功能，这种四平八稳的均衡布局也恰恰体现了建筑的形式美。北京四合院（见图 7-47）采用典型的群体式布局，体现了群体美、序列美。这种总体的艺术气氛又都以满足礼仪和生活实用的要求为基础。四合院院内如

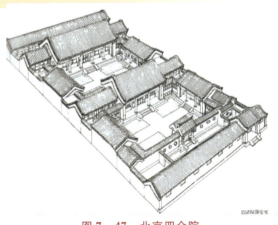

图 7-47　北京四合院

图 7-48 所示。彩画在我国历史悠久，尤其是红色和绿色为主题的彩画，这个色调的特点是我国古代建筑装饰中最突出的特点之一，四合院彩绘如图 7-49 所示。彩绘在四合院的垂花门及廊架表现最为突出，在梁、枋等部位也都可见。同时四合院内灰色的墙也显示出建筑的厚重积淀，庄重而古朴，与北京城的整体色调有机地结合在一起，而且与周围建筑协调统一自然地融为一体，这不仅体现了历史的传承，同时也反映出了中国传统文化的内涵。四合院内景如图 7-50 所示，现代装饰如图 7-51 所示。

图 7-48　四合院院内

图 7-49　四合院彩绘

图 7-50　四合院内景

图 7-51　四合院现代装饰

## 四、吊脚楼

吊脚楼（图 7-52），也叫"吊楼"，多依山靠河就势而建，讲究朝向，或坐西向东，或坐东向西。吊脚楼形式多样，造型优美，具有较高的艺术价值和审美情趣。吊脚楼从宏观上给人一种别致的形式美，是长方形、三角形和梯形的组合，这些几何形体在视觉上给人一种庄重之感，表现出一种挺拔健劲之美；而其内部构架，梁、柱、枋、檩之间都互为垂直相交，这些剖面的形成采用了架空、悬挑、错层等手法进行处理，建筑结构如图 7-53 所示。因此，吊脚楼还会给人以生动活泼、干净利落之感。从微观上看，主要体现在屋顶和走廊上。吊脚楼的屋顶由三角形和等腰梯形构成，给人沉闷之感，但为了避免其单一的线条和硬直之感，在正脊的中部用灰瓦装饰成花状，再在线的低端形成向上微翘的飞檐,使这个本应是异常沉重的屋顶,反而随着线的曲折,显出向上挺举的飞动,给人一种跃跃欲飞之感,体现出一种鲜明的节奏感和流动美。这种古老的干栏式建筑,至今仍为被包括苗族在内的广大西南少数民族人民所广泛使用,福建吊脚楼和土家吊脚楼如图7-54、图7-55所示。它向世人展示了民族的智慧和信仰以及对美的自我诠释。

图7-52 吊脚楼

图7-53 建筑结构

图7-54 福建吊脚楼

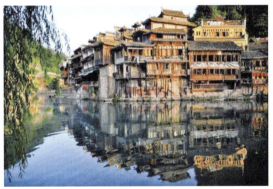

图7-55 土家吊脚楼

## 五、拙政园

拙政园(见图7-56)始建于明正德初年(16世纪初),是江南古典园林代表作,素以"清秀、玲珑、古朴、典雅"的艺术风格著称,构成山无止境、水无止意、山容水色绵延不绝的美丽景色。海棠春坞如图7-57所示。品赏苏州园林,首先就应欣赏其参差自然的美,品赏其如何着意避免轴线,破坏规则的艺术技巧,或者说品赏其

图7-56 拙政园

不整齐一律的空间布局。藏与露是中国传统美学的一对范畴。古代的山水画最讲究藏与露的辩证结合,而拙政园作为立体的山水画,其艺术意境的生成,也离不开藏与露相辅相成巧妙的艺术处理。文学创作有"开门见山"之法,拙政园的入口则反其道而行,它把需要给人看的用山石阻挡遮藏起来,不让人一眼看到,这种曲曲折折的躲闪,遮遮掩掩的含蓄,是一种意味深长的美,它通过"抑景",让人渐入佳境,细细咀嚼,慢慢欣赏,感到妙趣无穷。拙政园内景如图7-58所示。

图7-57 海棠春坞

图7-58 拙政园内景

## 六、颐和园

颐和园(见图7-59)是中国古典园林之首,坐落于北京西郊,是世界上最广阔的皇家园林之一,总面积约290公顷,始建于1750年,全园借景西山群峰,加之建筑群与园内山湖形势融为一体,使景色变幻无穷。园内建筑以佛香阁为中心,共有亭、台、楼、阁、廊、榭等不同形式的建筑3 000多间,颐和园内建筑如图7-60所示。颐和园的建筑风格吸收了中国各地建筑的精华,容纳了不同地区的园林风格,体现出的铸造雕刻技术也极为精湛,堪称园

图7-59 颐和园

林建筑博物馆,颐和园建筑装饰如图7-61所示。颐和园将自然景色和人工建筑巧妙地结合在一起,大量采用对比手法。从整体上看,万寿山上建筑密集、雕梁画栋,昆明湖上碧波荡漾、长堤小岛,山与水之间形成了强烈的对比。与此同时,颐和园前山建筑(见图7-62)富丽堂皇,后山景色幽静深邃,人工美与自然美之间也形成了强烈的对比。在颐和园这座北方大型皇家园林中,也可以欣赏到南方小型私家园林的风光。颐和园正是利用多种建筑艺术手段,创造了集雄秀为一身的和谐统一风格,体现出我

国园林艺术的高超水平。

图 7 - 60　颐和园内建筑

图 7 - 61　颐和园建筑装饰

图 7 - 62　颐和园前山建筑

## 七、承德避暑山庄

承德避暑山庄建于 1703—1792 年,是我国现存最大的古典皇家园林,占地 8 460 亩,其全景俯瞰图如图 7 - 63 所示。避暑山庄是中国现存最大的古代帝王苑囿,与北京的颐和园、苏州的拙政园、苏州的留园并称全国四大名园,体现了多种建筑形式的自由组合与变化,人工园林与山林景观的对比与和谐,各民族建筑文化的交流与融会,承德避暑山庄景色如图 7 - 64 所示。山庄的建筑有镇江金山寺样式的"上帝阁",有苏州"狮子林"一般模样的"文园狮子林",有似于杭州西湖苏堤、白堤的"芝径云堤",有酷似宁波范氏"天一阁"的"文津阁",承德避暑山庄内建筑如图 7 - 65 所示。在造园上,它继承和发展了中国古典园林"以人为之美入自然,符合自然而又超越自然"的传统造园思想,总结并创造性地运用了各种造园素材、造园技法,使其成为自然山水园与建筑园林化的杰出代表。在建筑上,它继承、发展并创造性地运用各种建筑技艺,撷取中国南北名园名寺的精华,仿中有创,表达了"移天缩地在君怀"的建筑主题。承德避暑山庄冬季景色如图 7 - 66 所示。

图7-63 承德避暑山庄全景俯瞰图

图7-64 承德避暑山庄景色

图7-65 承德避暑山庄内建筑

图7-66 承德避暑山庄冬季景色

# 第8章

# 灵魂的秘境——音乐之美

## 第一节 认识音乐

### 一、音乐的本源

在《乐记·乐本》中讲,"乐者,音之所由生也""其本在人心之感于物也"。意思是乐是由声音生成的,它产生的本源在于人心受到外物的感动。音乐表现情感,音乐的动人力量来自它所表现的情感,不同的音乐是不同情感的表现形式。儒家学者的这一看法,既是质朴的、切合实际的,同时也抓住了音乐最主要的特点。

在《礼记·乐记》中还讲,"乐"为天地之合,表示天地万物在相互和谐,这样人在天地自然之美景中似乎能够听到一种无声的乐曲,万物的生生不息,相互协调和谐而成为一种伟大的乐调。

《荀子》中讲"乐和同",所谓"音乐",就是使人人得闻之后,忘记了自我而心灵畅快,形成同心相印的境界。

从音乐的外在表现来讲,音乐是一种声音符号,是人类一种特有的语言,它以旋律、节奏、复调、和声为基本表现形式,是人们思想的重要载体之一,是反映人类现实生活情感的一种艺术。

### 二、音乐之美

音乐之美,美在它的律,美在它的情。

### （一）音乐之音律美

**1. 音乐的旋律之美**

旋律又称"曲调"，它是塑造音乐形象最主要的手段，是音乐的基础和灵魂，也是一首歌曲或乐曲流传的生命之源。旋律分声乐旋律和器乐旋律两种。声乐旋律为人声演唱创作，器乐旋律为乐器演奏创作。旋律将音乐的基本要素有机整合，呈现出不同的风格与特征。

音乐的主要魅力来自旋律。许多音乐作品把旋律的美体现为音调的曲折流畅、起伏平衡及主题的完整对称，以此来表现人们繁杂多样、深刻细腻的内心情感。正因为如此，我们可以在音乐欣赏中感受到贝多芬作品旋律的激情奔放，莫扎特作品旋律的优美细腻，柴可夫斯基作品旋律的忧郁深沉。

**2. 音乐的节奏之美**

节奏常被喻为音乐的骨架。许多音乐作品把音乐节奏的美体现为时值长短有序、张弛有致的韵律之美。音乐中各具特征的节奏，反映出所表现的事物、情感运动特征，形成不同的风格。正因为如此，我们从柴可夫斯基《悲怆交响曲》沉重、缓慢的节奏中能感受到作者对理想的追求以及对生活的赞美，对光明和幸福向往的心情；从贝多芬《命运交响曲》命运敲门的节奏声中来揭示英雄多方面的性格与情感；从冼星海的《黄河船夫曲》铿锵有力的节奏中感受一种无形的力量和团结一心的精神。

**3. 音乐的和声之美**

和声是丰富旋律的手段之一。许多音乐作品把音乐和声的美体现为多声部音响丰满的美、和弦从不稳定到稳定的协调的美以及色彩的美。正因为如此，我们从德彪西的交响素描《大海》中，通过丰富多彩的和声手法及绚丽多彩的管弦乐配器手段，联想到辽阔的海面变幻无穷的景象，联想到阳光映照下充满生机与活力的大海。贝多芬《第九交响曲》第四乐章《欢乐颂》人声合唱和声效果融入交响乐和声之中，以恢宏的气势唱响"拥抱起来，亿万人民"的主题，给人以和声音响之美的感受。

### （二）音乐之情感美

**1. 音乐提高人的审美**

音乐作为一种听觉艺术，最善于抒发情感、最能拨动人的心弦。音乐让人赏心悦目，并为大家带来听觉的享受。音乐能提高人的审美能力，净化人们的心灵，树立崇高的理想。我们通过音乐来抒发我们的情感，使我们的很多情绪得到释放。一首好的乐曲，或庄严肃穆或热烈兴奋或悲痛激愤或细腻缠绵，心会因聆听而跌宕起伏。小提琴演奏家盛中国说："喜爱音乐的人，一定是感情丰富、极富同情心的人，也是一个具有审美格调和审美情趣的人，他一定会本能地拒绝暴力和丑陋。"音乐艺术的魅力，能孕育出高雅的审美情趣，可以使生命焕发出耀眼的光彩。优美动听的旋律，充满生机的节奏，丰满浑厚的和声，绚丽多彩的音色，无一不洋溢着生命的激情和活力。钱学森和袁隆平这两位科学家，一个会弹钢琴，一个会拉小提琴。爱因斯坦曾说过，如果他在早年没有接受过音乐教育的话，那么他无论在什么事业上都将一事无成。因为有了音乐艺术的熏陶,他们的科学事业更辉煌,人生更丰富、更幸福。

**2. 音乐提高人的修养**

音乐是一种心灵的体操,一种灵魂的净化剂。优秀的音乐作品都是作者心灵的独白、真情的涌现,有着强烈的情感感染性和情感陶冶性,有着怡情修身、净化心灵的特殊功效。音乐欣赏的过程实际上是情感体验的过程。当个人的情感与音乐共声息、同忧乐,犹如一股清泉自由流淌,并从中领悟人生、完善人格时,音乐欣赏就达到了最高境地。音乐家早就指出:"音乐欣赏本质上说就是一项塑造人的工程。"当你静静欣赏音乐的时候,你会忘记生活中的种种得失,尽情沉浸在美妙的音符之中,会感觉心灵受到洗礼,内心豁达和谐,随之焕发出一种巨大的精神力量。正如思想家们常说:"用体育锻炼身体,用音乐陶冶灵魂。"

**3. 音乐鼓舞士气**

音乐是战斗的号角。在军队,音乐是一种柔中隐刚的战斗力量。古代军队打仗时擂鼓催阵、呐喊助威,目的就是鼓舞士气。如今,革命歌曲作为一种文化软实力,蕴藏着巨大的精神能量,犹如进军的战鼓、冲锋的号角,沁人心脾,催人奋进。"今为羌笛出塞声,使我三军泪如雨"。聆听和歌唱充满朝气与激情、奉献与忠诚、果敢与刚毅的革命歌曲,其情感与乐曲会产生强烈共鸣,如擂响的鼓点激荡在青春的方阵,回响在人们的耳畔,酣畅淋漓地展现出阳刚之气和战斗精神。

**4. 音乐使人身心健康**

音乐是健康的良方。古人云:"致乐以治心。"音乐作为养生疗疾的良药,史书早有记载。《论语》中说:孔子通音律,善抚琴。他在弹琴时"神情庄重,四体通泰,目光远大,壮志凌云"。宋代著名医学家张子和在《儒门事亲》中指出:"好药者,与之笙笛不辍。"意思是用笙笛一类乐器给人演奏,是一种很好的药。音乐是神经系统的"维生素",是花钱最少的"保健品"。音乐作为美妙的心灵语言,可以松弛人的精神,调节人的情绪,促使心理上的宣泄,使人获得身心健康。而在当今,众多神经科医生、心理医生、行为科学家皆称古典音乐能治现代人的种种"综合征"。例如,莫扎特音乐可提高智商和平复精神紧张,贝多芬音乐则可增进阅读能力和加强能量。另外,音乐现在也大量地用在胎教方面。

## 三、中西方音乐艺术特点

中西方的风土人情以及艺术审美都是不尽相同的,各有各的美,不能用"先进"和"落后"来下定义。中国的旋律,是中国音乐的特性之一,是区别于其他国家、地区的特征,也突出显示了中国人的线性思维。

中西方音乐艺术特点

## 四、音乐的欣赏方法

欣赏一个音乐作品,主要从以下三个方面入手:

第一,要熟悉音乐语言。音乐主要是通过有组织的乐音而形成的听觉艺术形象。一件音乐作品的思想内容和艺术之美,总是通过诸如旋律、节奏、和声、调式等音乐语言要素来表现的,所以,欣赏音乐作品首先必须熟悉丰富多彩的音乐语言,进而借助这些音乐语言领会作品中的情感,理解作品中的音乐形象。

第二,要了解作者和作品创作的时代。一首音乐作品,总是表现了作者对现实生活的感受、体验和思考,也寄寓了作者的思想与情怀。要深刻领会音乐作品,就必须了解作者生活的时代和作者的生平以及作者的创作风格。聂耳的《义勇军进行曲》正是在中华民族遭遇日寇侵略,全国上下救亡图存的历史背景下创作的。它展示的是为了拯救祖国,视死如归奔赴抗日前线的决心与信心。正是因为这一点,它才能很快风靡全国,最终成为我们的国歌。

第三,要在音乐实践活动中培养自己的欣赏能力。一般来说,欣赏一部音乐作品,大致会经历音响感知、情感体验、想象联想和理解认识四个阶段的心理认知过程。如我们听到一首歌曲时,首先是觉得旋律动听,然后逐渐理解作品中蕴含的情感,最后才会领悟作品的意境。因此,我们一方面多参加艺术实践活动,培养自己对音乐艺术的广泛兴趣,一方面要多阅读、多涉猎各种门类的艺术经典,提高自己的艺术修养和审美能力。

总的来讲,欣赏一首音乐作品是从感性认识到理性认识再回到感性认识的过程。首先初识音乐时受音乐感染,例如十分动听的感受和感动;然后再进入深层次的欣赏,了解音乐的旋律、节奏、声乐等音乐元素,以及创作背景与所讲的故事;最后再带着更丰富的认识去深层次地欣赏这首作品。和音乐相关的知识图谱如图8-1所示。

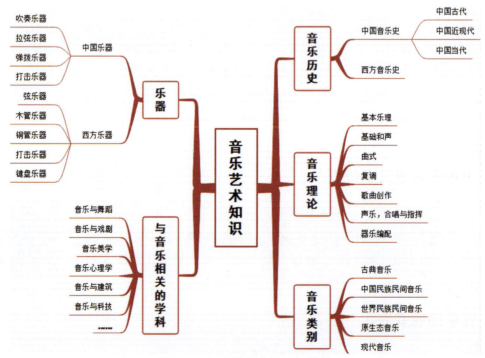

图 8-1　和音乐相关的知识图谱

# 第二节 音乐与建筑

## 一、建筑是凝固的音乐，音乐是流动的建筑

梁思成先生曾经指出："差不多所有的建筑物，无论在水平方向上或垂直方向上，都有它的节奏和韵律。我们若是把它分析分析，就可以看到建筑的节奏、韵律有时候和音乐很相像。"

音乐是流动的建筑

## 二、富有音乐性的建筑

我国古代的四大回音建筑：北京天坛回音壁、山西蒲州普救寺塔、河南三门峡宝轮寺塔、重庆潼南大佛寺石琴。它们是非常富有音乐性的建筑，各具特色，蜚声于世，体现了劳动人民的音乐天赋在建筑中的智慧光芒。

古代的四大回音建筑

国家大剧院介绍

中国国家大剧院（见图8-2），位于北京市中心天安门广场西，人民大会堂西侧。国家大剧院外观呈半椭球形，东西方向长轴长度为212.20米，南北方向短轴长度为

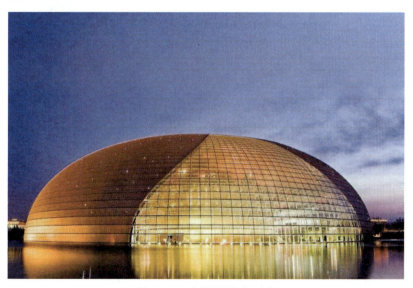

图8-2 中国国家大剧院

143.64 米，建筑物高度为 46.285 米，占地 11.89 万平方米，总建筑面积约 16.5 万平方米。

## 第三节　音乐赏析

### 一、中国音乐赏析

#### （一）《二泉映月》

《二泉映月》是二胡名曲，是中国民间音乐家华彦钧（阿炳）（见图 8-3）的代表作。《二泉映月》作品于 20 世纪 50 年代初由音乐家杨荫浏先生根据阿炳的演奏，录音记谱整理，灌制成唱片后很快风靡全国。

这首音乐作品自始至终流露的是一位饱尝人间辛酸和痛苦的盲艺人的思绪情感，展示了独特的民间演奏技巧与风格，以及无与伦比的深邃意境，显示了中国二胡艺术的独特魅力。它拓宽了二胡艺术的表现力，曾获"20 世纪华人音乐经典作品奖"。

在众多的演奏形式中，人们对《二泉映月》的内涵把握也有着不同的见解。倾听《二泉映月》是畅快的，融入其中后，便真的感知了它的愈久弥珍，回味悠长。在这忧伤而又意境深邃的乐曲中，不仅流露出伤感怆然的情绪和昂扬愤慨之情，而且寄托了阿炳对生活的热爱和憧憬。全曲将主题进行

图 8-3　华彦钧（阿炳）

时而沉静、时而躁动的变奏，使得整首曲子时而深沉，时而激扬，同时随着音乐本身娓娓道来的陈述、引申和展开，使阿炳所要表达的情感得到更加充分的抒发，深刻地展开了阿炳一生的辛酸苦痛、不平与怨愤，同时也表达了他内心的一种豁达以及对生命的深刻体验。

#### （二）《我和我的祖国》

《我和我的祖国》是张藜作词、秦咏诚作曲、李谷一原唱的爱国主义歌曲，创作和发行于 1985 年。2019 年 6 月 17 日，该曲入选中宣部评出的"庆祝中华人民共和国成立 70 周年优秀歌曲 100 首"。

《我和我的祖国》生动形象地表现了每个人和生他养他的祖国的血肉联系，在词曲结合上"恰到好处"，是一首具有永久魅力、深受人们喜爱的抒情歌曲。

《我和我的祖国》

## （三）《川江号子》

《川江号子》是起源于四川、重庆一带的传统音乐，国家级非物质文化遗产之一。川江号子是长江上的船工们（见图 8-4）为统一动作和节奏，由号工领唱，众船工帮腔、合唱的一种一领众和式的民间歌唱形式；是船工们与险滩恶水搏斗时用热血和汗水凝铸而成的生命之歌，具有传承历史悠久、品类曲目丰富、曲调高亢激越、一领众和、徒歌等特征。

图 8-4 长江上的船工们

据载，川江号子有四平腔数板、懒大桡数板、起复桡数板、快二流数板、落泊腔数板等不同的腔型类别，26 种词牌，百多首唱词，极为丰富多彩。多种"数板"的唱词，往往是由号子头即兴编唱，号子头根据其嗓音，分为洪亮粗犷浑厚的"大筒筒"、高亢清脆的"边音"等不同流派。

在这些腔调中，号子头的领唱部分，节奏在规范中又有变化，小腔花音使用较多，带有一定的即兴成分，根据船所行水势的缓急，号子头所唱号子的名称和腔调皆有所不同，时而舒缓悠扬，时而紧促高昂，时而雄壮浑厚，大气磅礴，震撼人心。故有十唱十不同的说法，但总体上具有雄壮激越的音调，又有悦耳抒情的旋律，在行船中起着统一摇橹扳动作和调剂船工急缓情绪的作用。

## （四）《幽兰操》

王菲演唱的《幽兰操》为影片《孔子》主题曲，曲作者讴歌。主题曲歌词改编自韩愈的《猗兰操》，定名《幽兰操》。尽管《幽兰操》旋律不复杂，但歌词很复杂。

《幽兰操》介绍

此词以孔子"兰为王者香"的思想为中心拟就，是孔子人生写照的缩影，同时也是孔子教育哲学人生哲学的凝结。《幽兰操》汲取了史诗与英雄传说的浩渺气质，带着兰花冷漠的美艳，但又诉说着人生的变动和永恒。

## 二、外国音乐赏析

### （一）《跳蚤之歌》

《跳蚤之歌》作者穆索尔斯基（1839—1881年）是俄国民族乐派作曲家。他的音乐作品风格豪爽、形象生动，充满了对被压迫者的同情。主要作品有歌剧《鲍里斯·戈杜诺夫》、管弦乐曲《荒山之夜》、钢琴组曲《图画展览会》及大量声乐作品。

这是一首创作于1879年并获得了世界声誉的讽刺歌曲，成为各国男低音歌手竞相演唱的曲目。作曲家借用德国诗人歌德的诗剧《浮士德》中的诗句谱写了此歌。它深刻地揭露了俄国沙皇的黑暗统治和专横跋扈，无情地鞭答了权势者的昏庸和狂妄，同时也热情地肯定了人民群众不畏强暴、勇于斗争的精神。歌曲具有深刻的思想内容和生动的音乐形象。它以旋律小调和中板速度以及谐谑性的"笨拙"的宣叙性曲调，塑造了固执蛮横而又愚蠢的国王形象。用进行曲调描写狂妄骄横而又虚弱的跳蚤形象，又通过艺术化了的"笑声"和带有嘲讽口气的音乐语言，充分表达了人民群众对国王和跳蚤的否定。

### （二）《命运交响曲》

《命运交响曲》即贝多芬《C小调第五交响曲》，它是德国作曲家路德维希·凡·贝多芬创作的交响曲，作品67号，完成于1807年末到1808年初。

整首交响曲可以被看成是情感的发展过程，从C小调第一乐章的冲突与斗争，发展到C大调末乐章的胜利与喜悦。

《命运交响曲》介绍

### （三）Yesterday Once More

*Yesterday Once More*（《昨日重现》）是卡朋特乐队演唱的歌曲，由理查德·卡朋特和约翰·贝蒂斯作词作曲，发行于1973年。它作为最早在中国传唱的英文歌曲，深受歌迷的喜爱。

该歌曲曾获得奥斯卡百年金曲，在美国Billboard榜单亚军、英国流行音乐排行榜亚军、名列1973年的国际公信榜单曲排行榜和美国Billboard Easy Listening第一位等荣誉，已成为永恒畅销单曲之一。

《Yesterday once more》介绍

### （四）Beat It

*Beat It* 是迈克尔·约瑟夫·杰克逊作词、作曲并演唱的一首歌曲，发行于1982年，收录于其发行的专辑 *Thriller* 中。

美国里根总统执政时，看到当时新一辈的孩子们很多打架斗殴，不学无术。总统考虑到当年杰克逊在年轻人心中影响力之大，于是找到杰克逊来创作一首歌，希望能通过杰克逊的歌来打动年轻人的心。杰克逊因此也被里根总统邀其至白宫亲自为其颁发了"世界杰出青年奖"以及"特别贡献奖",同时也凭借 *Beat It* 获得第 26 届格莱美最佳摇滚男歌手。

*Beat It* 来自 *Beat a Retreat*,意思是通过打鼓向士兵发出信号退出战场,所以延伸为"算了吧""避开它"之类的意思。在这首歌中,意思是不要逞强,争强好胜容易带来更多暴力和伤害,是男子汉有时也应"避开"。这首歌告诉广大青少年,没必要非用暴力纷争来耍酷或证明对错,退一步海阔天空,要用更理智的方式处理纷争。

# 第9章

# 脚步的诗歌——舞蹈之美

## 第一节 舞蹈艺术发展概述

### 一、舞蹈的起源

神授说是人类历史上最早涉及舞蹈起源的学术观点，认为舞蹈的出现与神有关。人类诞生初期，科学知识水平还很低，没有正确区分人与神的主观意识，从而产生了认知偏差，将部分人才出众或贡献突出的人视为神。在古希腊和中国的神话传说中，存在大量关于神的记录，其中就有人类舞蹈是得到神的启发才产生的说法。

舞蹈的其他起源学说

### 二、舞蹈的发展

最早的原始舞蹈大多与生产劳动相关，是我国先民的一种生活方式和状态。目前发现的古代岩画中，就保存着许多狩猎舞的形象，表明当时的舞蹈与先民们的狩猎生活密切相关。

随着社会发展和民间诗歌的兴起，舞蹈形成了诗、乐、舞三位一体的文化传统与特征，"乐"必有"舞"，"舞"必奏"乐"。

我国汉代时期，舞蹈频繁出现于社会生活的各种场合，作为宴会助兴所用。这一时期，不仅出现了专门的乐舞机构，还诞生了我国历史上第一本舞蹈美学著作《舞赋》。

中国古代舞蹈在唐代达到了顶峰，它以其宏大的演出规模、千姿百态的表演形式及雅俗共赏的姿态赢得了世人喜爱。

从唐末至五代，最值得注意的是传为顾闳中所作的《韩熙载夜宴图》，形象地展示了"六幺舞"的场景（见图9-1）。

图9-1 《韩熙载夜宴图》中的"六幺舞"

宋代舞蹈独辟蹊径，创造了具有程式性特征和划时代意义的舞蹈形式——队舞。

明清时期，舞蹈作为戏曲艺术的表现手段之一，形成了高度程式性和综合性的美学特点。

20世纪50年代和80年代，我国又分别系统地引进了西方芭蕾舞和现代舞。

1950年9月，我国创作了中华人民共和国成立后第一部自己的芭蕾舞剧《和平鸽》。

20世纪50年代初期，北京舞蹈学校开办了芭蕾舞专业教育。

1964年、1965年、1976年又相继创作演出了反映中国革命斗争的芭蕾舞《红色娘子军》《白毛女》《草原女民兵》。

## 第二节　舞蹈艺术的审美特征

### 一、舞蹈艺术的基本特征

舞蹈是以人的形体姿态和动作为主要表现手段，通过有节奏、有章法地变换不同的动作姿态，塑造舞蹈艺术形象，借以表现生命活力、生活激情，以及人们对生活的美好向往等情绪的一种艺术形式。欣赏舞蹈可以使人体会到人生的精彩、生活的美好，激发人的生活热情，振奋人的精神，使人更加热爱生活，更好地生活。

舞蹈艺术的基本特征

### （一）造型性

舞蹈是以人体美为基本审美元素的艺术，舞蹈艺术形象主要是人物形象。换句话说，舞蹈艺术的美首先表现为人的形体美，主要体现于人体的造型美。

### （二）动作性

无论什么样的舞蹈，其基本的因素都是动作姿态、节奏和表情，而其中最主要的是人体动作。没有动作，就没有舞蹈。

不管是哪一类舞蹈动作，一般都具有两个特性：一是能够展示出人体美的特征，表现出生命活力；二是有明确的象征和暗示意义，能够很好地表现舞蹈主题。

### （三）节奏性

动作与节奏是一对孪生兄弟，只要有动作就有节奏。舞蹈是动作的艺术，因此，舞蹈离不开节奏。舞蹈节奏就是舞蹈动作在力度的强弱、速度的快慢、能量的增减，以及幅度的大小等方面的对比和变化。舞蹈动作的连续性决定了它必须在一定的节奏下进行，即必须通过节奏的速度、力度、能量及抑扬顿挫等来表达思想。可以说，没有节奏就不可能有动人的舞蹈。节奏既是表达内在情感的基础，又是构成舞蹈艺术的要素之一。

### （四）抒情性

任何一种艺术形式都离不开抒情。抒情是舞蹈艺术的灵魂。阮籍在《乐论》中说："歌以叙志，舞以宣情。"《诗经·周南·关雎·序》说："诗者，志之所之也，在心为志，发言为诗。情动于中而形于言，言之不足，故嗟叹之，嗟叹之不足故咏歌之，咏歌之不足，不知手之舞之，足之蹈之也。""手舞足蹈"是感情自内心喷发而出的一种表现。这也就是说，情感是舞蹈形成的根源、基础、出发点和落脚点。

### （五）虚拟性

舞蹈是夸张的艺术，虚拟性是舞蹈的主要表现手法，是以生活为基础，依据舞蹈的特有动作来形象地、概括地反映生活的本质，如骑马、划船、坐轿、扬鞭等动作都是虚拟性的。

### （六）综合性

舞蹈艺术是以经过提炼加工的动作为主要表现手段，通过节奏、造型等对动作的艺术处理，塑造出具有直观性和动态性的舞蹈形象，表达人们的思想感情的一种艺术样式。

## 二、舞蹈艺术的欣赏方法

舞蹈是展示生命活力、展现人体魅力和表现生活激情的造型艺术，舞蹈之美首先表现为生命之美、运动之美、健康之美，其次表现为造型美和动作美，再次才是技艺美。因此，舞蹈欣赏首先是感受生命活力，体验生活热情，然后是欣赏舞蹈技艺和把握舞蹈主题。

## (一) 感受生命活力，体会生活热情

世界上宝贵的东西很多，生命为最，生命之美又以健康为最。人健康的标志，一是富有活力，二是快乐，三是热爱生活。舞蹈艺术通过对生命活力的展示，使人们感受到生命的美好和人生的快乐，借以激发人们的生活热情。因此，欣赏舞蹈艺术，首先是感受生命活力。怎样感受呢？主要是通过舞蹈动作来感受。在各种舞蹈中，演员的跳跃、旋转和屈伸等动作都能够显示出活力。与此同时，各种动作的轻盈、欢快、有力等都能使人感受到健康与活力。

## (二) 欣赏舞蹈造型

形体美是人体语言最本真的一面，也是舞蹈艺术最能打动人心的地方之一。面对身材匀称、曲线优美或肌肉强健的演员，谁能不喜欢呢？这是一种自然本能。舞蹈创作者正是利用了人们这一自然的审美心态，精心地设计出各种优美的人体造型，把人体的自然美充分地展示给观众，诱发其喜爱之情，振奋其精神。因此，欣赏舞蹈很重要的一个着眼点就是舞蹈造型。

对舞蹈造型的欣赏，实际上是对人体美的欣赏。它可以使人真切地感受到生命之美、青春之美等，激发人的生活热情，振奋人的精神，唤起人对美好生活的向往和追求。

## (三) 鉴赏动作技巧

舞蹈技艺的欣赏主要是舞蹈动作的欣赏。舞蹈是一门艺术，它主要是通过对生活动作的典型化来反映生活，表达一定的主题思想。典型化的一个主要方法是各种动作技巧的运用。在舞蹈表演中，演员时不时地做出如跳、翻、转等技术性很强的高难度动作，以更好地表现生命的活力与激情，增加新奇性和观赏性。有了这些高难度的动作在其中烘托气氛、渲染情绪和画龙点睛，观众的情绪很容易被感染，想象力很快被激活，继而获得强烈的美感体验。因此，对舞蹈动作技巧进行鉴赏是舞蹈欣赏的一个重要切入点。

## (四) 把握舞蹈主题

舞蹈借助于人体造型诱发人的想象和联想，使观众通过想象与联想将舞蹈艺术造型与现实生活联系起来，从而把握舞蹈所抒发的感情和表达的思想。其中，最关键的一点是理解和把握舞蹈造型的象征与暗示意义。

那么，怎样才能正确理解和把握舞蹈造型的象征与暗示意义呢？首先要从一系列连贯的舞蹈动作中捕捉到那些表现舞蹈主题的造型。舞蹈造型常常表现为一系列连贯动作中相对静止的瞬间停顿，或者说短暂的"亮相"。因此，舞蹈欣赏要善于从一系列连贯的动作中捕捉到那些用来表现舞蹈主题的相对静止的瞬间，即舞蹈造型。其次是联系生活，弄清楚舞蹈造型的基本构成。因为舞蹈造型有的是人们生活姿态的典型化，有的是对事物美好形态的模仿，两者的表意方式互有差异，所以，只有弄清了舞蹈造型的基本构成，才能透彻理解其表达的意思。再次是根据舞蹈造型的基本构成分析其

象征与暗示意义。图 9-2 这一舞蹈造型是模仿孔雀的姿态,因为孔雀被誉为"百鸟之王",是吉祥、善良、美丽、华贵的象征。所以,这一舞蹈造型象征着美丽与吉祥。

## 第三节　舞蹈作品赏析

### 一、中国舞蹈赏析

#### (一)《丝路花雨》

民族舞剧《丝路花雨》(见图 9-2)取材于丝绸之路和敦煌莫高窟壁画,1979 年由甘肃敦煌艺术剧院创作成大型歌舞剧,是博采各地民间歌舞之长,创作的大型民族舞剧,时长将近两小时,共分为六个场景。被赞誉为"活的敦煌壁画,美的艺术享受"。

《丝路花雨》歌颂了老画工神笔张和英娘的光辉艺术形象,描写了他们的悲欢离合,高度颂扬了中国和西域人民源远流长的友谊,再现了唐朝内政昌明,对外经济、文化交往频繁的盛况。

#### (二)《酥油飘香》

《酥油飘香》(见图 9-3)是由达娃拉姆编导的藏族女子群舞,表现了一群热情开朗的藏族姑娘打制酥油送给解放军战士的欢快情景,体现了新时期藏族妇女充满自信、健康向上的精神风貌,并弘扬了军民鱼水一家亲的经典主旋律。《酥油飘香》从体态上一改传统藏族人含胸前倾的身体姿态,而是以上身后仰、昂扬向上的身姿出现,藏族姑娘们在舞动中满含着内心的幸福和自豪。

图 9-2　民族舞剧《丝路花雨》

图 9-3　《酥油飘香》

## （三）《士兵与枪》

《士兵与枪》（见图9-4）是总政歌舞团创编的一个以士兵和枪为主题的军旅新风舞蹈。舞蹈抓住了士兵手握钢枪这一形象，钢枪既是我们军队雄伟士气的象征，也是每一个士兵赤诚灵魂的写照，那手握钢枪的士兵群像就是我军英武军威的外化表现。以群舞的形式，抒发了士兵们对钢枪的热爱和珍惜之情，表现了当代部队严明井然的作风和昂扬向上的精神。

图9-4 《士兵与枪》

## （四）《桃夭》

《桃夭》（见图9-5）属汉唐古典舞，表现了姑娘待嫁的心情，展现了待嫁女子的羞涩及对未来的美好期盼。整个舞蹈洋溢着青春的气息。舞者妙曼的身姿为观众展现了如同小桃树一般的、充满青春气息的少女形象。少女们轻盈地跳跃着，如同桃之精灵一般，整个舞蹈充斥着一种喜气洋洋、让人快乐的气氛。

图9-5 《桃夭》

## （五）《雀之灵》

纤长的身影，白色的长裙，细碎的手臂波浪，优美的"三道弯"曲线，轻盈地旋转，宁谧而纯美，这是杨丽萍的《雀之灵》（见图9-6）。舞蹈以诗性的构思和语汇表现出一个被升华了的孔雀之灵。《雀之灵》虽然是创作作品，但舞蹈语汇仍然依赖于傣族民间舞蹈元素。它的舞蹈动作并不是简单的再现,而是注入了现代人的意识,创造出更加挺拔、舒展奔放的舞蹈语汇。她塑造的将真善美集于一身的美丽、圣洁的孔雀形象具有无穷的艺术魅力。

图9-6 《雀之灵》

### (六)《踏歌》

《踏歌》(见图9-7)是一个群舞,舞者成群结队,手拉手,以脚踏地,边歌边舞。而水袖是《踏歌》中一个最明显并且是最重要的服装特征。正是水袖的运用,让女子在"抛袖"时更显轻盈,在女子含颚、斜前举臂时,那长长的水袖更是赋予了好一份难得的灵气,使少女婀娜多姿的体态展现无遗。含蓄、优美、轻盈是《踏歌》最明显的舞姿特征。

图9-7 《踏歌》

### (七)《千手观音》

2005年春节联欢晚会上,中国21位平均年龄21岁的聋哑演员将《千手观音》这一舞蹈表演得淋漓尽致,创造出了无穷的、千变万化的视觉冲击力,赢得了全国观众"激动与泪水"的评价。

著名舞蹈编导家张继钢历时 7 年倾力创作的大型原创音画舞剧《千手观音》(见图 9-8),汇集了国内外舞台艺术领域的一线艺术家,在音乐、编舞、舞蹈美等方面进行了独特的尝试和探索。对于生活在无声世界中的演员来说,几乎完美地诠释了《千手观音》是一个漫长而艰难的过程。据张继刚介绍,为了让演员感受到音乐的

图 9-8 《千手观音》

节奏感,同时准确地做出动作,他用手语老师为演员传递信息,将舞蹈动作一气呵成地告诉演员。演出中,四位手语老师站在舞台的四角。他们的手成了聋哑演员的"耳朵"。手语传达音乐的节奏,聋哑演员在"节奏"中演奏优美的舞蹈动作。整部作品的特点是精彩的编舞、高超的肢体语言和无形的大爱诉求的力量,它体现了张继刚作品中的象征性艺术魅力和人文情怀。

《千手观音》巧妙运用了中国古典舞和汉唐乐舞的元素,对其进行了重新创作,确立了舞蹈的基本、连续和独特的节奏,将动作与音乐完美地结合在一起,视听和谐、审美统一、动感十足的舞蹈动作,形成了独特的舞蹈语言。舞蹈往往是"刚柔并济,动静统一",动作讲究起起落落、动静结合。在《千手观音》中,当演员们开始一个个伸出双手的时候,她们展现了东方传统含蓄的古典美"柔美",而当她们双手放开的同时快速的手臂动作很好地诠释了"刚"。这部作品表达了爱与美、生命与升华,达到了很高的境界。

## 二、外国舞蹈赏析

### (一)《天鹅湖》

1876 年的芭蕾舞剧《天鹅湖》(见图 9-9)是柴可夫斯基的第一部舞曲,它总共有四幕,故事取材于民间传说。《天鹅湖》成就了柴可夫斯基的世界性声誉,是世界上最出名的芭蕾舞剧,也是所有古典芭蕾舞团的保留剧目。

《天鹅湖》取材于民间传说,剧情为:公主奥杰塔在天鹅湖畔被恶魔变成了白天鹅。王子齐格费里德游天鹅湖,深深爱恋奥杰塔。王子挑选新娘之夜,恶魔之女黑天鹅伪装成奥杰塔以欺骗王子。最终王子及时发现,扑杀恶魔。白天鹅恢复公主原型,与王子结合,结局美满。《天鹅湖》沿用芭蕾舞剧中最钟爱的善与恶的矛盾,善终将战胜恶的主题,忠贞爱情战胜魔法,公主重新获得自由,王子与公主共同迎来美好生活

的情节,无论在审美观还是艺术性上都达到了古典芭蕾的极致,是芭蕾艺术皇冠上一颗璀璨的明珠。

### (二)《大河之舞》

爱尔兰踢踏舞形成于 18 世纪 20 年代,舞风自由,节奏明快。《大河之舞》(见图 9 – 10)场面宏大、气势恢宏,是爱尔兰踢踏舞的典型代表。作品中不仅有爱尔兰的踢踏舞,还包含了西班牙的弗拉明戈舞、俄罗斯的芭蕾舞,以及爵士风格的踢踏舞等,以百老汇音乐剧的形式呈现。

图 9 – 9 《天鹅湖》

图 9 – 10 《大河之舞》

### (三)《吉赛尔》

法国芭蕾舞剧《吉赛尔》(见图 9 – 11),是早期浪漫主义芭蕾舞代表作品,由简·克拉里和朱尔·佩罗共同创作,泰奥菲勒·戈蒂埃等编剧,甘道夫·亚当作曲,1841 年首演于巴黎,故事来源于欧洲莱茵河畔的民间传说,描写农村少女吉赛尔被贵族阿尔伯特诱骗、遗弃,化为幽灵后仍至死不渝的故事。刻画了一个纯真、笃信命运的少女形象,富有浪漫的抒情色彩。

### (四)《睡美人》

《睡美人》(见图 9 – 12)改编自法国作家夏尔·佩罗一部曼妙的爱情童话小说《沉睡森林的美人》,由俄罗斯芭蕾舞编导大师马留斯·彼季帕与作曲家柴可夫斯基密切合作,把这个童话故事搬上了芭蕾舞台,继而

图 9 – 11 《吉赛尔》

成就了一部古典芭蕾舞剧的巅峰之作,享有"芭蕾艺术的百科全书"之誉。100多年来,芭蕾舞剧《睡美人》以其震撼人心的音乐、气势恢宏的舞蹈、雍容华贵的服装、奢华灿烂的布景,创造出了空前绝后的剧场舞蹈奇观,吸引了各国的舞蹈家和观众。

图9-12 《睡美人》

《睡美人》虽属于古典芭蕾的经典代表,但经过现代的包装与演绎,使得这部有些凝重的芭蕾舞剧,又平添了华丽的现代气息。传神地表达了光明战胜黑暗、正义战胜邪恶及对忠贞爱情的讴歌,给人一种耳目一新的感觉。

# 第10章

# 历史的积淀——巴渝文化之美

巴渝文化，是起源于重庆，又造就了重庆的一种系列文化。这一文化，是特殊的，也是独一的，是专属于重庆的一种，成就了重庆这座城市整体的气质与芳华。巴渝文化蕴含在全方位、多层面的亚文化之中（三峡移民文化、三国文化、巫文化、巴文化、西南民俗文化、重庆陪都文化、红岩文化）。从地域上来说，重庆与大山大川为伴，所以造就了大自然一般的巴人性格——锋利、顽强、剽悍、豪迈。所以实际上，巴渝文化的根底也追随巴人的性格，衍生得非常坚实与通俗。

重庆当地十分重视对于巴渝文化的传承和保护，在1999年还评选出了"巴渝十大民间艺术家"，在进入新世纪后还进行了巴渝十二景的修复和保护，对于一些有代表性的古镇，也进行了保护性的开发和建设，这些对巴渝文化的传承都产生了较好的示范效应。但是不可否认的是，随着城市化的不断推进和人口的大规模流动，一些具有巴渝文化特色的风俗正在逐渐消失，很多历史遗迹因为保护不及时而逐渐损坏，因此在这一方面的投入还需要进一步扩大。

众所周知，没有高度的文化自信，没有文化的繁荣兴盛，就没有中华民族的伟大复兴。忘记历史就意味着背叛，忘记祖先优秀文化就意味着忘本。巴渝文化是我们先辈3 000多年积淀和传承下来的，鲜明独特，开放包容，它孕育了我们所有重庆人。因此，我们一定要传承和发扬好巴渝文化，让它在中国乃至世界上展现出自己独特的风采。

## 第一节 巴渝与巴渝文化

### 一、巴渝文化历史渊源

巴渝文化以壮美为基调，气势宏大，成为中华灿烂文化的重要组成部分。巴渝是重

## 第 10 章　历史的积淀——巴渝文化之美

庆的简称。早在商周时期，江州（今重庆江北区）就是巴国的国都，这里秦时称巴郡，北宋时称恭州。隋朝时，嘉陵江称渝水，因渝水绕城，故重庆简称为"渝"。《巴渝墨潮》如图 10-1 所示。巴渝文化起源于巴文化，它是指巴族和巴国在历史的发展中所形成的地域性文化。当然，巴渝文化既非仅指巴文化，也不单指重庆古代文化，它是由历史悠久的巴文化与重庆东部旧石器文化为代表的"大溪文化"、西部新石器文化为代表的"铜梁文化"、三峡地区的灿烂峡江文化以及三国历史文化、近代辛亥革命文化、红岩精神、抗战文化等有机组成的厚重灿烂的文化系统。彩陶碗（大溪文化）如图 10-2 所示，彩陶罐（巫山大溪遗址出土）如图 10-3 所示。

图 10-1　《巴渝墨潮》（谭德毅作图）

图 10-2　彩陶碗（大溪文化）

图 10-3　彩陶罐（巫山大溪遗址出土）

3 000 多年以来，重庆处处留下中国传统文化的印痕。宋代理学大师程颐点注易经的地点易园，是程朱理学的发祥地；大足石刻（图 10-4），汇集了中国唐、宋时期石窟艺术的大量珍品；合川钓鱼城（图 10-5），保存着南宋军民抗击蒙古军队入侵的古战场遗址。历代诗人李白、杜甫、刘禹锡、苏轼、陆游、郭沫若等都曾在这里写下脍炙人口的名篇佳句。巴渝文化是中华传统文化的一个组成部分，同时，重庆凭借着长江黄金水道之便，依托丰富的江河资源和广阔的市场，从汉代起，就成为长江上游的工商业重镇，成就了重庆在历史长河中不可替代的地位，独特的巴渝文化铸就了重庆这片土地上深厚的文化底蕴。巴渝文化是历代巴渝人民智慧的历史结晶，也是我们发掘本地优秀传统文化，树立文化自信的重要资源。

图10-4　大足石刻　　　　　　　图10-5　合川钓鱼城

## 二、巴渝文化特征

作为中国文化的一个分支，巴渝文化在众多地方文化里面具有鲜明的特色。在历史的发展和演变中，巴渝文化也越来越多元化。早在汉朝开始，重庆地区就开始接纳中原地区的儒学、道学文化。到了唐朝时期，佛教兴起，巴渝文化又充分吸收了佛教文化，充分体现了巴渝文化的多元和包容。在现在的重庆地区，还有着许多拥有地方特色的记忆。巴渝文化，传承数千年，内涵丰富灿烂辉煌。红岩精神、抗战文化、川剧艺术、非遗产品……70年来，重庆加强文化的保护与传承，挖掘文化的价值，大力发展文化体育事业，也极大地丰富了人民群众的日常文化体育生活。古风古韵与现代都市之美完美融合，让重庆文化繁荣发展，走向世界。巴渝文化以巴文化和三峡文化为构建主体，巴渝文化的鲜明特征主要有三个方面，具体包括以下几点：

### （一）本土性和地域性

因为地貌独特，文化创造主体人群相对稳定，人们对文化的认同感和归属感较高。巴人一直生活在大山大川之间，大自然的熏陶、险恶的环境，练就一种顽强、坚韧和剽悍的性格，因此巴人（见图10-6、图10-7）以勇猛、善战而称。巴人的军队曾经参加周武王讨伐商纣王的战争，他们总是一边唱着进军的歌谣，一边跳着冲锋的舞蹈，勇往直前，古代典籍记载"武王伐纣，前歌后舞"。

### （二）情感性和开放性

这就包括强烈的群体抒情性、开放性等。流传至今的三峡民歌、川江号子（见图10-8）、重庆山歌、铜梁龙舞（见图10-9）等群众性巴渝民间艺术，都强烈地抒发着巴渝之情。巴文化是多民族共同创造的文化。长江三峡从经济上来看是黄金水道，是军事交通要道，也是文化通道。这决定了三峡文化本身就是一个开放的体系。

第 10 章　历史的积淀——巴渝文化之美

图 10-6　古代巴人

图 10-7　巴人雕塑

图 10-8　川江号子（千百年流传，由船工创造的民间传统音乐文化）

图 10-9　铜梁龙舞

### (三) 前趋性和务实性

古时巴渝生存条件艰苦，这就要求巴人要大胆尝试和创新，而处于秦楚两国之间，要求得生存发展，就必须务实，来不得虚的。巴文化中有尚工贸与善制造的传统，在远洋时代，黄金水道把重庆与海洋、世界联系在一起，使内陆城市迅速崛起，成为通商口岸，正是这种特性，使得重庆产生了一大批民族企业家、实业家。

## 三、巴渝历史名镇

巴渝古镇文化是巴渝文化的重要组成部分。它如实地记载了巴渝文明发展的脚步，具有鲜明的人文特点和地方特色。它将文化以活动的形式传承延续，又以物的形式积累下岁月的痕迹。因此，作为一个地区文化动静结合的文化整合体，古镇也必然体现出以文化为主要内容的审美特征，因为受其文化背景的影响，又决定了古镇的审美特点和精神追求。

### （一）磁器口古镇

在众多的历史古镇中最出名的就是磁器口古镇（见图 10-10），这里风景优美，具有悠久的历史，这里的建筑每一处都透出古老的气息，是不可多得、古色古香的传统文化历史街区，是人文荟萃、风景优美、独有"一江两溪三山四街"地貌的旅游胜地，是交通便利、休闲娱乐、重温老重庆旧梦的好去处。磁器口始建于宋真宗咸平年间，隐修于镇上宝轮寺，故又名龙隐镇。清朝初年，因盛产和转运瓷器，而得名磁器口，作为嘉陵江边重要的水陆码头，曾经"白日里千人拱手，入夜后万盏明灯"，繁盛一时，被誉为"小重庆"。磁器口历史文化底蕴丰厚，是重庆历史文化名城极其重要的组成部分。磁器口古镇老街如图 10-11 所示。

图 10-10　磁器口古镇

图 10-11　磁器口古镇老街

### （二）丰盛古镇

丰盛古镇（见图 10-12）是十大历史文化古镇之一，这里独特的巴渝古商文化在整个古镇中蔓延，处处体现着传统气息。这座古镇始建于宋朝，兴盛期是明朝末年到清朝早期。古镇中，基本上都是明清建筑以及青石板路，景色秀丽如画，满满的古朴气息扑面而来，结合了历史上"九龟寻母"自然山水格局的城镇建设，营造出巴渝传统的文化思想。丰盛古镇不是像乌镇、西塘那样高知名度的商业化小镇，整体上基本保留原汁原味。其中最有特色的建筑就是碉楼（见图 10 - 13），共有 15 座，具有很高的历史价值，是整个巴渝地区保存最完整的。

图 10 - 12　丰盛古镇

图 10 - 13　丰盛古镇碉楼

### （三）龚滩古镇

龚滩古镇（见图 10 - 14）自古以来便是乌江流域乃至长江流域著名的货物中转站，现是世界上唯一在大江大河边上保存完好的千年古镇。龚滩古镇是重庆市第一历史文化名镇。古镇并不大，但保存了别具一格的烽火墙、古朴幽静的院落和多座吊脚楼。木结构老屋层层叠叠依山而上，屋檐密密一大片，乌江水则是碧绿的，古镇和大山大水融为一体。古镇内有一条长约 3 里的石板街，串联起整个古镇的老建筑，其中的冉家院子（见图 10 - 15）是古镇不可错过的景点。

图 10 - 14　龚滩古镇

图 10 - 15　冉家院子

### （四）涞滩古镇

涞滩古镇（见图 10 - 16）是中国十大古镇之一。分上场与下场，上场坐落在鹫峰山上，气势巍峨，寨墙高筑。古镇内 400 余间明清时期的小青瓦房高低错落，200 余米的青石小巷古朴典雅，基本保持了明清时代的原始风貌。整个涞滩古镇有两条小巷，沿着右手边一直走到悬崖峭壁古城墙那里，再掉头回来刚好可以从另一条小巷子里穿出来，全程就可以不走回头路了。主要景点有二佛寺、文昌宫、涞滩瓮城。涞滩二佛寺摩崖造像如图10-17所示。

图10-16　涞滩古镇

图10-17　涞滩二佛寺摩崖造像

### 四、大足石刻造像特点及审美特征

隐匿于西南一隅的大足石刻，首次发现是在20世纪40年代。1940年1月，梁思成等营造学社一行便率先考察过大足北山、宝顶山摩崖造像。而到了1945年4月，杨家骆等组织"大足石刻考察团"，进行更为全面的考察论证，首次以大足石刻"可继云冈、龙门鼎足而三"正告国人，从而为史失其载的大足石刻名世奠基铺路。这是一个标志性事件，意即巴蜀境内不但尚有唐宋艺术遗存，而且规模巨大，独具特色，足可以占据中国古代艺术之一席，实可称为中国唐宋美学的旷世之作。大足北山石刻如图10-18所示。

大足石刻造像特点及审美特征

图10-18　大足北山石刻

### 五、古巴渝十二景

古巴渝十二景是指重庆地区的多处景观，是重庆美景之精华。古巴渝十二景的称誉，得名于清乾隆年间颇有文学和审美素养的巴知县王尔鉴，他在巴渝山水中圈定了十二处最能代表巴渝美色的景致，让其流芳百世，距今已有 300 余年历史了。古巴渝十二景分别是：金碧流香、黄葛晚渡、统景峡猿、歌乐灵音、云篆风清、洪崖滴翠、海棠烟雨、字水宵灯、华蓥雪霁、缙岭云峡、龙门浩月、佛图夜雨。

### （一）金碧流香

金碧流香系古巴渝十二景之首。从重庆解放碑的邹容路一直沿坡上行至临江位置的最高点人民公园山上，这个位置就是几百年前的"金碧流香"之地了。金碧流香旧貌如图 10-19 所示。金碧山是古时巴山的顶峰，汉时在此分祀"金马碧鸡"，宋淳祐年间（1241—1250 年），制置使余玠在此垒石建金碧台，峭壁秀削。明代，郡守张希召于台上建金碧山堂。清代乾隆年间，郡守书敏也在此建过金碧亭。1929 年被辟为"中央公园"，园内栽种有珍奇树木，养有野兽禽鸟。1939 年 5 月 3 日、4 日，日本轰炸重庆，金碧山堂被炸毁。1950 年此地被更名为"人民公园"（见图 10-20）。

图 10-19　金碧流香旧貌

图 10-20　重庆人民公园

### （二）黄葛晚渡

黄葛渡因候渡者有黄葛浓荫庇遮得名，位于南坪涂山之麓，越江心珊瑚坝与南纪门隔江相望，今长江大桥下游、南岸宏声路附近，这是一个摆渡渡口。黄葛晚渡旧貌如图 10-21 所示。据考在北宋初年，黄葛渡就已形成，至民国时，渡口达到最为忙碌的繁兴时期。它是古时从重庆城中心通往南岸的重要交通口岸，每当夕阳时分，从此过江的人们延伸

图 10-21　黄葛晚渡旧貌

占据着很长的渡口，甚而出现着交相争渡的场面。宋人余玠诗曰："龙门东去水和天，待渡行人暂息肩。自是晚来归兴急，江头争上夕阳船。"清人王尔鉴记载："南纪门外大江对岸南城坪，有黄葛古树，偃盖渡旁。雨余月际，遥睇江烟苍茫间，舴艋往来，飘如一叶，亦佳趣也。"

1980年7月1日，长江大桥正式通车，从此天堑变通途，几个世纪承载着繁忙人们的黄葛古渡就此停止了摆渡。如今时常还听得见家居南岸的人们，津津乐道着当年夕阳西下、人头攒动的盛景。尤其是枯水时节，从南岸登船渡江需经过百十米长的木竹跳板，两旁的栅栏上挂着夜间照明的灯泡，夜色来临，形成了远远就能望见的长长灯带，最早的山城夜景就在暮色夕阳下与长江水、天交映生辉。

### （三）统景峡猿

统景峡猿（见图10-22）坐落在现渝北统景风景区，古时名为"桶井"，集中有峡、河、泉、洞等。而"桶井"之名，是因"桶井"境内的峭壁峡谷，酷似桶状，当人入其中有如坐碧井观天之感。之后将"桶井"易为"统景"，也是谓于此处：集自然山川之灵秀、统天下多种美景之缘故。

统景峡以猴子和广阔幽深的溶洞闻名。崖上曾经猴子成群（见图10-23），猴儿或攀树援藤，或倒挂嬉戏，给幽静的峡谷带来勃勃生机。清人周开丰曾赋诗："桶井多奇胜，寻源景不穷。好山偏窈窕，曲径更葱茏。挂树千猿跃，窥天一线通。桃源花落处，几度诳渔翁。"

图10-22　统景峡猿

图10-23　猴子成群

### （四）歌乐灵音

歌乐山（见图10-24）因"歌乐灵音"而得名。清《巴县志》志载："山崇五里，层岭密树，松杉翳日，清风倏来则万籁齐鸣，胜于鼓乐。"又云："登其巅，两江九门宛在眉睫。松泛清涛，响传歌乐，风动谷应，松抛山面千里翠。""歌乐山群峰耸秀，松柏参天，风雨过之，如闻万籁。"清人王尔鉴曾赋诗："山回清音远，聿谁弄管弦。崖鸣风度壑，松韵雨霏天。讵迓吹笙客，俨来御鹤仙。昔曾广雅调，云顶响流泉。"现今的歌乐山在原云顶寺所在的山顶，仍常云雾弥漫，一年累计接近5个月的时间都是雾天，让山之秀色时隐时现，由来就是雾自缥缈松自隐。歌乐山林荫路如图10-25所示。聆听偶尔传来的阵阵松涛，似又回到风、铃相伴的歌乐灵音。

第 10 章　历史的积淀——巴渝文化之美

图 10-24　歌乐山

图 10-25　歌乐山林荫路

## （五）云篆风清

云篆山（见图 10-26）距重庆巴南区鱼洞约 8 公里，形如鱼脊，高耸盘曲。明成化九年（1473 年）山上曾建云篆寺，明万历十七年（1589 年）和清光绪二十四年（1898 年）曾进行修缮，后寺庙被毁，几经沧桑，至今还可看到遗址。清嘉庆八年（1803 年），这里又修了云篆大寨于山隘，为当时巴县县南五大寨之一，迄今只存一寨门。清人王尔鉴在《小记》中写道："人行山脊，沿青林翠霭间，宛如云扶足下，随风荡漾，武夷九曲不啻矣。"又赋诗曰："风送云为御，云盘山几重。如何非象马，偏是走蛇龙。涧影环飞瀑，江涛曲泛松。偶闻樵子唱，余韵袅前峰。"登临云篆山，只见绿树森森，云雾悠悠，侧耳倾听山风穿林，奇云变幻莫测，一会雨、一会雾。云篆山风景如图 10-27 所示。

图 10-26　云篆山

图 10-27　云篆山风景

## （六）洪崖滴翠

洪崖是指重庆渝中区沧白路以下，临嘉陵江的崖壁，因崖上还有一洞，此处也唤作洪崖洞。洪崖洞旧貌如图 10-28 所示。在崖顶上的新华路一带曾经是林木苍翠，树多则蓄水，于是一条小溪从山林间渗出，沿大阳沟、会仙桥一直流到洪崖洞附近，形成一道瀑布悬空而下，落至崖间再顺着岩石自上而下地汇作涓涓细流。在少雨的季节，水就呈星星点点状往崖下滴，水珠儿被阳光映透得个个如绿珠碧玉，便有文人骚客们将其称为"洪崖滴翠"。洪崖洞也是一处军事要地，在悠长岁月中，洪崖洞一带相继有过江隘炮台、镇江古寺、东川书院、明代城墙、天成巷街等众多历史遗迹。还是清巴县知府王尔鉴对"洪崖滴翠"以诗吟诵来得妙："洪崖肩许拍，古洞象难求。携得一樽酒，来看五色浮。珠飞高岸落，翠涌大江流。掩映斜阳里，波光点石头。"洪崖洞现状如图10-29所示，现实版的千与千寻精灵洞——洪崖洞如图10-30所示。

图10-28　洪崖洞旧貌

图10-29　洪崖洞现状

图10-30　现实版的千与千寻精灵洞——洪崖洞

### （七）海棠烟雨

溪北从南坪山坞出，沿壑带涧，曲折入江。溪边曾多植海棠，润比温玉。历代墨客骚人常于此曲水流觞，吟那淡烟细雨中的幽姿淑态，吟那朝晖暮霭中的红妆素裹。从前有海棠溪，发源于南山北坡，由西南向东北蜿蜒10余里，一路上接纳了好几条山溪涧流，又忽地转了一个弯，向北注入长江，溪边以前长满了海棠树，每当春雨降临，淡烟微布，细雨如丝，溪流映带，其趣无穷，海棠烟雨（图10-31）由此得名。唐代女诗人薛涛在赞美"海棠烟雨"的诗中写道："春教风景驻仙霞，水面鱼身总带花。人世不思珍卉异，竟将红缬染轻沙。"

图10-31 海棠烟雨

烟雨、晓月、海棠、溪，一组诗情画意的文字，组成了曾经的南岸区现滨江路段的一组地名。欣赏"海棠烟雨"的最佳地点在渝中区储奇门江岸上。由渝中隔江观向南岸，亦真亦幻的雾纱朦朦胧胧地萦绕在整个路段的上方周围，联系它们的是交错有致的沟壑溪涧泛起的层层水雾，轻轻逸向那片曾经的海棠树林，渐渐飘向迷离的水雾笼罩的南山。曾有人说"海棠烟雨"贵在空灵缥缈，在无形和有形之间游离，是靠思、靠悟才能欣赏到的。

## （八）字水宵灯

因长江、嘉陵江在朝天门交汇处的水流，几经曲折相互迂回而天然形成一个酷似"巴"字的古篆体，故有"字水"之称。夜幕下华灯初上时，波光凌照，"宵灯"映"字水"，山城夜景得雅号"字水宵灯"。赏"字水宵灯"登高为妙，旧时赏"字水宵灯"的三处佳地，分别为"小梁子"（今人民公园附近），它也是重庆老城的制高点，为观景第一佳处，其后两处为"江北城"（古时仅指现重庆大剧院那一处）和南岸"老君洞"（见图10-32）。而现在人们最爱去的观赏点，便是南山"一棵树"观景平台（见图10-33），在此俯瞰，可将璀璨映月的双江灯火尽收眼底，看到的两江水有如金带遍绕山峦，山无穷、水无尽，灯海灿无边。清人王尔鉴在编修《巴县志》时曾写道："渝州凿崖为城，沿江为池，重屋垒居。每夜万家灯火齐明，层见叠出，高下各不相掩。光灼灼然俯射江波，与星月交灿。"

图10-32 老君洞

图10-33 南山"一棵树"观景平台

### （九）华蓥雪霁

雪霁，即雪停天空放晴那一刻。古时华蓥山为重庆属地。据考，华蓥山大雪初停之时景致使人震撼。华蓥山雪景如图10-34所示。华蓥山绵亘川渝四县交界之处，山麓四面环拱，诸峰直出云表。秋冬交际时，松柏苍翠丰满仍无衰败之意。最引人入胜为冬雪初霁之时，碎琼乱玉，或无或有，掩映丛林翠霭。至若雪山万叠，日色破寒，琼楼玉宇，霁色斑斓，仿佛牟尼珠光，普现出一个白茫茫的小宇宙。清巴县知县王尔鉴曾赋诗赞道："最好华蓥雪，新晴映玉林。何须披鹤氅，无事待立阴。长啸联风月，空山自古今。光流尘不染，清响度崖音。"华蓥山宝鼎风光如图10-35所示。

图10-34 华蓥山雪景

图10-35 华蓥山宝鼎风光（汤仕雄作）

### （十）缙岭云霞

缙云山山脉由东向西分别耸立着9座形态迥异的高峰，其中莲花峰最高，狮子峰（见图10-36）最秀，香炉峰最奇，宝塔峰最著名。站在这些山峰上，无论是日出还是日落，都有红霞相伴，缙云山晚霞如图10-37所示。暮日西下，置身于重庆北碚嘉陵江温塘峡畔的缙云山，九峰横亘、延绵不断，好似挂在天上的岛屿漂浮在赤色的云海中，赤多白少的云霞被古人形容为缙云，一早一晚斑斓绚丽地映满天空，远古传说里它叫作巴山，易名为缙云山后，由王尔鉴将其美景"缙岭云霞"纳入了巴渝十二景。缙云山素有"小峨眉"之称，中华民国时期画家陈树人游缙云山，曾题诗记之曰："不负蜀中好山水,大峨眉又小峨眉。"它不光霞色缤纷,还由于山势落差大,植物多样性明显。登上其峰顶"太虚台"可俯瞰蜿蜒如碧玉的嘉陵江和北碚森林城市。

图 10 - 36　缙云山狮子峰

图 10 - 37　缙云山晚霞

### (十一) 龙门浩月

向朝天门奔涌而去的长江,受南山山体阻挡,在过海棠溪后,被靠南岸的一排隆起的石梁顿时劈为内外两流。被"劈"的长江在此转了一个大弯,石梁外江流湍急,梁内却浩如平镜,内外不同如此分明,巴人称这形似弯月、波平如镜的水湾为"浩"。凸出江面的石梁酷似一尊微微向外流倾斜的游龙,顺着江势连绵而居,中间有一断开处正好疏通着内外水系,由于形如龙门,南宋便有人在其内外两侧刻"龙门"二字,龙门浩就此得名。龙门浩旧貌如图 10 - 38 所示。旧时观之在洪水退去后,浩内水平浪静、浩外波涛汹涌,一动一静,相映成趣。每当皓月当空,江舟归来之时泊于湾内,月光照耀下的江面倒映着渔家人燃起的点点渔火,并泛着温柔橘色的波光。文人墨客颂咏此景为龙门浩月、朦胧如画。龙门浩老街夜景如图 10 - 39 所示。

图 10 - 38　龙门浩旧貌

图 10 - 39　龙门浩老街夜景

### （十二）佛图夜雨

建于渝中半岛上的旧重庆主城三面环水，只有西南山脊一线可通往"佛图雄关"。佛图关旧貌如图10-40所示，它是连接陆路交通的唯一出口，谁都想把守这个离城十里的重要关隘，它是历史上兵家的必争之地，在这硬朗朗的历史背景后面却还隐透着"佛图夜雨"的雅名，明代在这里有了"巴山夜雨涨秋池"的夜雨寺。《巴县志》对夜雨石做了记载，《陪都要览》也记载道："巴渝十二景之一的佛图夜雨，以关内有夜雨寺，昔年寺门壁间有青石一块，虽亢旱经月，侵晨视之犹津润若夜雨然。"山临两江，地势高险，水汽蒸腾，到了夜晚整个佛图关雨雾蒙蒙，云烟缭绕，宛如江上仙境浮岛。唐李商隐于大中九年（855年）在此处借宿时写下的《夜雨寄北》就为佛图夜雨做出了最贴切的注释。佛图关众多古建筑和传说虽已淡出历史，但山上林木仍葱翠苍健，醒目的大黄葛树几百年生长下来，愈加变得枝叶昌盛，惬意地由山道穿行林间，再极顶远眺，碧玉如带的两江之水，有众桥横卧其上，看道路萦回，高城削天，南北美景，穷收眼底。佛图关景色如图10-41所示。

图10-40　佛图关旧貌

图10-41　佛图关景色

## 六、巴渝非遗文化——梁平年画

梁平年画是一种古老的民间艺术，属于套色木刻版画。起源于明末，号称"四川三大年画"（绵竹、梁平、夹江）之一。与梁平竹帘、梁山灯戏并称"梁平三绝"，曾被誉为川东奇葩，2000年被评为巴渝十大民间艺术之一，2006年被列入国家非物质文化遗产名录。

重庆梁平年画起源于年画繁荣的清初。它是当地农民的造纸与木刻手工艺相结合的产物。位于川东的梁平县（今为重庆市梁平区），四周山丘，翠竹环抱，又称"竹纸之乡"，为梁平的造纸业准备了充分的原材料。梁平年画始于造纸业聚集的屏锦铺一带。1913—1934年，梁平年画进入鼎盛时期，其间创作的《麒麟送子》等年画，形象生动，手法夸张，并且具有强烈的地方性特色和装饰味道，深受广大群众喜爱。也正是因为其独特的地理、时代、人文条件使梁平年画具有了它独特的审美特点。

## (一)梁平年画的思想内容

年画是取材于民族文化,服务于民间大众的一种文化艺术。其内容涉及广泛,而梁平年画流传下来的主要以"门神"和"戏曲故事"为主要题材,另外还有反映现实的题材和吉祥如意的题材。梁平木版年画《门神》如图 10-42 所示。

图 10-42 梁平木版年画《门神》

### 1. 门神题材

门神是民间最受信仰的神灵之一。最早的门神称"神荼""郁垒"。随后各个时代的英雄如荆轲、钟馗等也都跻身门神的行列。梁平年画中流传下来的门神题材有《帅旗》《帅帽》《五子登科》(见图 10-43)和《麒麟送子》等。

### 2. 戏曲故事题材

中国年画发展至唐代,以门神题材为主的年画融入了道、儒等宗教色彩,美人出现在戏曲题材的年画中。《盗令出关》(图 10-44)是梁平年画中戏曲故事题材的代表之一。它画面简洁,留有大面积空白。内容是表现铁镜公主对丈夫的爱与信任之情,是人们对美好爱情的祝愿。

图 10-43 梁平木版年画《五子登科》

图 10-44 《盗令出关》
(图片来源:梁平博物馆)

### 3. 现实题材

迄今为止发现的梁平年画中唯一反映现实题材的年画名为《钟馗斩妖图》。创作时间在中国人民抗日战争时期。画面表现了钟馗手持大刀,穷追汉奸汪精卫和日本侵略者，用讽刺、幽默的手法表达了梁平人民对于卖国者和侵略者的痛恨之情。

**4. 吉祥如意题材**

梁平年画还有一种用红纸透明花笺做的年画，其画面以吉祥如意的传统装饰图案为主，表达了人们对"吉祥如意"生活的向往。制作时以类似剪纸的手法，用铁錾和木槌将木板上的空白剔去，保留所绘的线条图案，并配以金色文字，别具风格。如《延年益寿》《四季平安》《荣华富贵》等，但此类梁平年画保存下来的较少。

### （二）梁平年画的形式特点

梁平年画制作也常运用传统木板雕刻工艺。其艺术风格不同于其他地区的年画，它以一种拙而不俗、艳而不腻的粗犷、厚朴之美展现在人们的面前。用王树村先生的话说："梁平年画具有重庆山区农民那种淳朴敦厚的气质。"

**1. 构图的特点**

梁平年画采用了内紧外松式的构图，主体人物位于画面正中央，饱满简洁，对称均衡，疏密、虚实十分恰当。常见在主体人物旁边有一小人，而这个小人恰恰补充了画面的不足，使整个画面给人以均衡的感觉，还显得饱满，几乎找不到大面积的空白。这一点和梁平人民节约、勤奋、朴实的生活态度是一致的。

**2. 色彩的特点**

梁平年画用色非常概括，多用大红大绿进行对比。且每幅画一般都不超过五种颜色。梁平木版年画色彩如图10-45、图10-46所示。梁平年画用色随意而奔放，主要体现在套版时出现的错版上。套版时无意间的错版，反而给画面带来了色彩变化，不但丰富了画面，而且随意出现的色彩间的空白使整个画面有了一种"透气"的感觉。

图10-45　梁平木版年画色彩（一）

图10-46　梁平木版年画色彩（二）

### （三）点、线、面的特点

梁平年画主要以阴刻白色和阳刻黑点或略方略圆的斑点为主。刻版时以顺刀为主，逆刀为辅，从而体现物体虚实。梁平木版年画技艺如图10-47所示。线条两边粗细匀齐、清晰、挺拔。主要是轮廓线，且多为黑色，既增强了画面的分量，又对浓丽色彩起到了调和作用。印制时线条的磨损，还增加了一份古朴味道。梁平年画多为装饰的图案，在大的色块面的基础上画上各种点和清晰优美的线条。这些点和线图案不仅丰富了画面，还使原本简单的画面更加饱满。梁平木版年画传承人——徐家辉如图10-48所示。

图10-47　梁平木版年画技艺

图10-48　梁平木版年画传承人——徐家辉

### （四）梁平年画的人物特点

梁平年画有婀娜多姿的写实人物，但更多的是夸张变形的门神。门神人物身高约三个头长，突出表现头部五官，如图10-49所示。画内人物身体左右横向发展，如重庆劳动人民朴实敦厚，粗壮结实。面部扬剑眉，两眼相对，目光炯炯有神，大片黑胡须均用画笔直接描绘，线条流畅生动。在脸上点一椭圆腮红，称作"开脸"，给人感觉生动活泼，又有一种调侃的意思在里面。这种做法在其他地区的年画上从未出现过。

梁平年画作为民间文化艺术在当今社会并没有得到主流文化的关注，其原因如下：首先，现代的生产、生活方式和价值观念以及科学的人文精神取代了传统的生产、生活方式和生存理想。同时，文化生活的多样性使年画原有的宣传性、文化性逐渐消失，人们原有的审美意识也被改变。其次，由于信息、科学化的工业生产迅速取代了传统

图10-49　梁平木版年画《门神》身高约3个头长

手工业生产。任何一种艺术形式如果没有与之相适应的社会背景和文化形态是没有生命力的。所以首先应该将梁平年画打造出一种文化形象，在将梁平民间年画推广的同时可以将其与工艺品产业相结合，并培育和建立旅游消费市场，以增加梁平年画创作者和传播者的经济收入。在全球化的大背景面前，梁平年画在保留自己独特风格的同时也要和当代审美观念相结合，这样才能发展得更好。门神工艺摆件如图10-50所示。

图 10-50 门神工艺摆件

## 第二节 红色基因

### 一、红色文化的时代价值

筚路蓝缕,岁月如歌。100年前,中共"一大"在"南湖红船"上顺利闭幕,标志着中国共产党的正式诞生。走过百年光辉历程,我们党矢志践行初心使命,披荆斩棘奠基立业,创造辉煌开辟未来,写下了一个又一个令世人惊叹的"中国故事",形成了井冈山精神、长征精神、遵义会议精神、延安精神、西柏坡精神、红岩精神、抗美援朝精神等一系列伟大精神。

红色文化的时代价值

### 二、红色文化的审美特征

红色文化是具有独特意义的由民族精神、意志力、不怕牺牲的爱国主义精神和坚韧不拔的人格魅力凝聚而成的象征着红色的革命文化,其本身具有深厚的美育内涵和审美特征。

#### (一)红色人物的英雄形象具有审美特征

红色文化是以红色人物的创造为主线的文化,而这些红色人物的英雄形象最能感染人和激励人,他们是红色文化的创造者和核心。如早期的革命者李大钊、瞿秋白、恽代英、夏明翰等革命者和后来的黄继光、董存瑞、邱少云等革命先烈,以及社会主义建设时期的焦裕禄、雷锋、孔繁森、王进喜、任长霞等时代楷模和两弹元勋如钱学森、邓稼先、钱三强等科技界的英模人物，他们每个人身上都具有丰富的人格魅力所产生的审美特征，即美育价值。他们为国家和民族的独立、为中国人民的解放事业以及社会主义建设事业，不怕牺牲、排除万难、艰苦奋斗，创造了一个又一个的奇迹。他们身上留存的感人故事激励着一代又一代青年人，使这些青年人深受影响，立志忠心爱国，无私奉献，积极投身到社会主义事业的建设中。这些来自中华民族自强不息的奋斗精神和红色基因的传承，值得青年人学习并在当今社会生活中进行弘扬与传播。

### （二）红色遗存所具有的审美特征

红色遗存是红色文化的重要组成部分，包括革命先烈、英雄模范人物遗留的物品、革命博物馆、纪念馆、纪念场地、红色园林、伟人或革命家生活和战斗过的地方、故居，以及附设的红色建筑设计、雕塑、绘画等，都具有审美观赏价值和美育价值。具体参见本节第三小节歌乐山烈士陵园及第四小节红岩革命纪念馆详细介绍。

### （三）红色创作及影视作品所具有的审美特征

在红色文化的宝库中，革命战争年代、社会主义建设时期以至当代，一些革命工作者和文艺工作者创作了许许多多的红色歌谣、红色歌曲、红色小说、红色电影、红色歌舞剧等，这些红色作品深受中国人民的欢迎和喜爱。如冼星海创作于1939年的歌曲《黄河大合唱》，由诗人光未然作词，以黄河为背景，热情歌颂中华民族的光荣历史和中国人民坚强不屈的斗争精神，痛斥日本侵略者对中国大好河山的残暴侵略，歌颂了中国人民奋起反抗的大无畏精神，并向全中国乃至全世界吹响了民族解放的战斗号角。歌曲的旋律如黄河之水从天而泻、奔腾怒吼。每当听到这首歌曲，都能让人心潮澎湃，大有激情满怀地冲向抗日战场与侵略者拼死搏斗的感觉。读红色小说同样能让人产生审美情感而受到审美教育。如出生于20世纪五六十年代的学生、知识分子，没有人不被《红旗谱》《青春之歌》《钢铁是怎样炼成的》《小城春秋》《林海雪原》等红色小说中的人物情节所感动和鼓舞。而当代拍摄的红色电影、革命战争题材的电视剧等常常让人热泪盈眶。这些都是红色作品所具有的审美特征。总之，红色文化因其本身具有高度的历史价值和审美价值，富含中华民族的文化精神和美德精神，因而不受历史发展的时间限制而具有鲜明的时代性，是新时代人民大众保持初心、开拓进取、为实现中华民族伟大复兴中国梦而不懈努力的精神动力。红色文化是励志文化，内含丰富的教育内容，而教育的作用是使无知的人变成有知识的人，最终成为完美的人。正是因为教育具有传承文化的功能，才使那些没有经受过艰苦历练的一代人懂得今天的幸福生活来之不易，从而产生励志成才的心理。也正是有这样的心理，中华民族的伟大复兴和中国梦的实现才会有保障，这也是红色文化的时代价值和美育作用的重要体现。

## 三、歌乐山烈士陵园

重庆歌乐山烈士陵园坐落在重庆市西北郊歌乐山下，原是白公馆、渣滓洞集中营旧址，1963年建成"重庆中美合作所集中

歌乐山烈士陵园

营美蒋罪行展览馆"，1984年改为沙坪坝区歌乐山烈士陵园（见图10-51）。陵园占地2.14平方公里，主要由集中营旧址、烈士群雕（见图10-52）、烈士诗文碑林、大型浮雕、烈士墓、陈列总馆等组成，是集雕塑、园林、陈列为一体的社会历史遗址博物馆。

图10-51 歌乐山烈士陵园

图10-52 歌乐山烈士群雕

## 四、红岩革命纪念馆

在中国共产党不断为民族谋复兴的过程中，凝聚了各种优秀的革命精神。其中，红岩精神象征着共产党人的信念如岩石般坚硬，经得起敌人的狂风暴雨。为了纪念抗战时期中共中央南方局在红岩村指挥作战的这一特殊的历史时期、历史事件，红岩革命纪念馆于1999年动工建设，成了红岩精神的重要建筑象征。为了表现出"红岩精神"的主题内涵，红岩革命纪念馆从建筑外形设计、外部场地设计和内部氛围设计等方面均对"红岩精神"主题进行了阐释。

《红岩革命纪念馆》介绍

红岩精神是中华民族5000多年以爱国主义为核心的伟大精神，在抗日战争和解放战争时期的时代反映，是中国共产党人精神谱系的重要内容。"人无精神则不立，国无精神则不强。"革命志士用忠诚甚至生命写就的事迹，时刻提醒我们"从哪里来、向何处去"，鼓舞我们不忘初心、牢记使命，让红色基因融入血脉。全国政协委员、重庆市青联副主席、西南政法大学经济法学院教授王煜宇说得好："面向新时代、新征程、新使命，传承、赓续、创新、发展中国共产党人的精神谱系，为建设中国特色社会主义现代化强国提供核心价值引领、典型行为示范，既是第一个百年目标成功达成的宝贵历史经验，也是第二个百年目标顺利实现的迫切时代需求。我们要大力传承和弘扬红岩精神，让红色基因生生不息、代代相传，让宝贵精神照亮前行之路。"

# 第三节　重庆：自然山水之城

每一座城市都有其独特的地理特征和人文风貌。山水是重庆的外貌形象和性格内涵，自然山水与人文山水交相辉映，水乳交融，共同构成了重庆山水美学。重庆城市美学的典型特征是山水美学，山水城市是最适合重庆的城市特质。重庆建构山水城市不仅要体现在城市的发展理念中，而且要贯穿到广袤的乡村地区振兴中。在当前社会主义生态文明建设深入推进的要求下，重庆要充分利用自身山水资源优势，积极探索构建山水城市，加快建设山清水秀美丽之地，谱写美丽中国的重庆篇章。

## 一、大江大河大山交相辉映的自然景观

生态文明，不仅是一种理念和生活方式，以生态成景，更成为建构重庆城市美学的重要元素。重庆号称山城，坐拥长江和嘉陵江。"贯六峡两江之汇，率九宫八卦之冠，总扼西南之枢纽，遥牵吴越之群船。"这里山清水秀，人文荟萃，在山水美学方面有着独一无二的魅力。

### （一）自然山水之美

自然是中国古典哲学核心的概念，天人合一是中国古人最高的追求境界。自然主要有两个含义，一个是大自然，一个是自然而然，这些都是中国古代美学和艺术追求的核心所在。重庆地处大西南山区和长江上游，山脉河流湖泊众多，拥有全国其他大城市很少能媲美的得天独厚的山水资源，在重庆城市美学建构研究中，山水自然美是最基本的组成部分。重庆自然山水风光如图 10-53 所示。大山给了重庆高度和坚韧，河

图 10-53　重庆自然山水风光

流给了重庆广度和灵动，山无水不活，水无山失源，山水相连演绎出无穷的魅力。山和水，一静一动，互相环绕，滋养了古代巴渝人，孕育出现代城市文明。在新时代，山水更是重庆人民精神的家园，助推重庆生态文明和精神文化建设走在全国城市前列。

重庆拥有缙云山、中梁山、铜锣山、明月山四大山脉。重庆主城就多山，形成山在城中、城在山中的独特风貌。我们所熟知的南山、歌乐山、玉峰山都属于这四大山脉，此外还有铁山坪、歌乐山、缙云山和南山组成的"重庆主城小四山"。这些山群峰秀丽，森林茂密，空气清新，气象万千，是重庆这座大都市山水美学的重要基础，也以其独特的自然和人文景观，成为重庆市民观赏风景、享受生活和休闲娱乐的好地方。重庆美丽山景如图10-54所示。我们知道，水是世界文明的源头，世界古代文明大多和水有关。例如，古埃及文明与尼罗河，古印度文明与恒河，古巴比伦文明与"两河"，中华文明与黄河和长江。古代城市也大多建设在水岸，一方面是人们的日常生活离不开水，另一方面因为古代没有现代化的交通工具，所以水运成为最重要的运输方式。长江长6 300多公里，流域180多万平方公里，从西向东，从山入海，从高原到平原，长江就是一幅流淌的画，风景秀丽，同时长江也孕育了奔腾不息的中华文明。重庆所拥有的水之美，除了江河，还有湖泊。一般认为平原地区湖泊多，其实重庆也拥有众多湖泊，而且很多湖泊和高山相映衬，别有一番景象。例如，长寿湖是重庆市十佳旅游风景区，是中国西南地区最大的人工湖，水天一色，垂钓划船，休闲娱乐，别具风情。

图10-54 重庆美丽山景

### （二）人文山水之美

在审美状态中，山水不仅仅是一种自然存在的东西，而且也是人的精神家园，对民族性格、生活方式、文化艺术等产生了重要影响。古人对此早有论述，例如，《论语·雍也篇》，子曰："知者乐水，仁

重庆人文山水之美

者乐山；知者动，仁者静；知者乐，仁者寿。"道家思想更是以回归自然作为修身养性之道，在魏晋时期，山水便是代表思想的解放自由。因此，山水在中国古代文化艺术中的地位非常重要。山的厚重，水的灵动，山的坚韧，水的柔情，构成了巴渝人民的精神特征，重庆人性格坚韧，正如山上的棒棒和水边的纤夫，重庆女孩既有南方的柔情妩媚，又颇具北方豪爽之气。

## 二、壮美三峡

三峡全长192公里，自上而下，由瞿塘峡、巫峡、西陵峡和两段宽阔河段组成，其自然景观主要集中在三个峡谷内。三峡自然景观与三峡文化之间具有非常密切的关系，而三峡自然景观又得之于三峡独特的形成方式，因此又可以说，三峡独特的形成方式，为三峡文化的孕育和发展，奠定了非常宝贵的自然基础。

三峡介绍

# 参考文献

[1] 李泽厚. 美的历程 [M]. 天津：天津社会科学院出版社，2001.
[2] 南怀瑾. 孟子与离娄 [M]. 北京：东方出版社，2013.
[3] 黑格尔. 美学：第一卷 [M]. 朱光潜，译. 北京：商务印书馆，1979.
[4] 徐观复. 中国艺术精神 [M]. 上海：华东师范大学出版社，2001.
[5] 徐克谦. 庄子哲学新探 [M]. 北京：中华书局，2005.
[6] 宗白华. 美学散步 [M]. 上海人民出版社，1981.
[7] 闻一多. 闻一多全集：第二册 [M]. 北京：三联书店，1982.
[8] 韦政通. 中国哲学辞典大全 [M]. 北京：世界图书出版公司，1989.
[9] 梁玖. 艺术概论 [M]. 重庆：西南师范大学出版社，1995.
[10] 邱正伦. 艺术美学教程 [M]. 重庆：西南师范大学出版社，2002.
[11] 董小玉. 西方文艺美学导论 [M]. 重庆：西南师范大学出版社，1997.
[12] 彭吉象. 艺术学概论 [M]. 北京：北京大学出版社，2006.
[13] 李敏艳，莫运晓，李斌. 大学美育 [M]. 北京：中国纺织出版社，2021.
[14] 王川，李红，徐翔. 大学美育 [M]. 北京：新华出版社，2021.
[15] 黄宗贤. 中国美术史纲要 [M]. 重庆：西南师范大学出版社，2020.
[16] 陈洛加. 外国美术史纲要 [M]. 重庆：西南师范大学出版社，2021.
[17] 彭一刚. 建筑空间组合论 [M]. 北京：中国建筑工业出版社，2008.
[18] 胡雪松，石克辉，许善. 建筑美学思考 [J]. 世界建筑. 2005（12）：97-98.
[19] 刘金钟. 浅论建筑意境美的构思 [J]. 华中建筑，1994（3）：1-5.
[20] 周刘波，张娟. 中华优秀传统文化的美育价值及其实现路径 [J]. 中国德育，2018（8）：35-38.
[21] 张莉. 中华优秀传统文化美育价值和资源开发 [J]. 湖南科技学院学报，2019，40（1）：116-117.
[22] 李宗桂. 试论中国优秀传统文化的内涵 [J]. 学术研究，2013（11）：35-39.
[23] 鲁鲜亮. 新时代中华优秀传统文化传承与发展路径探析 [J]. 汉字文化，2022

(8): 169 – 171.

[24] 中共中央国务院. 新时代公民道德建设实施纲要[N]. 人民日报, 2019 – 10 – 28.

[25] 靳青万, 赵国乾. 论老子"道法自然"说的美学内涵及意义[J]. 郑州大学学报, 1997, 30 (5): 32 – 38.

[26] 黄承贵, 华建宝, 郭奇清. 老子美学思想及其现代价值[J]. 上海交通大学学报, 2001, 21 (1): 21 – 25.

[27] 赵以宝. 论老子生命美学思想及其当代启示[J]. 长春工业大学学报, 2011, 23 (2): 128 – 131.

[28] 熊平. 渝西南古镇建筑美学研究[D]. 成都: 四川省社会科学院, 2012.

[29] 蒲倩. 大足石刻的视觉叙事审美特征研究[D]. 重庆: 西南大学, 2017.

[30] 赖瑶. 梁平年画的审美特点及其发展趋向[J]. 艺术理论, 2007 (8): 52.

[31] 肖朗. 论重庆山水美学与山水城市建构[J]. 中国西部, 2018 (4): 21 – 29.

[32] 颜若雯, 张珺, 陈国栋, 等. 做红岩精神的守护者传承者[N]. 重庆日报, 2022 – 03 – 10.

[33] 张晶晶, 韩文根. 红色文化的时代价值及其美育作用[J]. 美与时代: 美学(下), 2021 (1): 44 – 47.

[34] 庞焯月, 周秘. 你为什么会怀旧[J]. 大众心理学, 2017 (10): 43 – 44.

[35] 陈维予, 卢峰. 纪念性建筑设计中的环境意识: 红岩、万州革命纪念馆设计随笔[J]. 中外建筑, 1999 (6): 44 – 45.

[36] 查新彧. 红岩精神, 历史传承: 红岩革命纪念馆设计研究[J]. 城市建筑, 2021 (S1): 68 – 71.

[37] 重庆值得打卡的四个古镇, 体现了典型的巴渝传统人居环境[EB/OL]. (2021 – 07 – 01) [2022 – 07 – 14]. https://baijiahao.baidu.com/s?id = 17040461092693337388 &wfr = spider&for = pc.

[38] 大足石刻: 唐宋美学的旷世之作[EB/OL]. (2021 – 08 – 04) [2022 – 07 – 14]. http://www.360doc.com/content/21/0804/06/76413906_989429898.shtml.

[39] 重庆巴渝文化: 中国最富有鲜明个性民族文化之一, 你了解多少[EB/OL]. (2020 – 08 – 30) [2022 – 07 – 14]. https://baijiahao.baidu.com/s? id = 1676456007789846652& wfr = spider&for = pc.